AF552130

För Gelchen

Ralf Spreckels wurde im Mai 1946 im kleinen Dörfchen Schönhorst geboren, wo er heute wieder lebt. Dort hat er schon als Kind die plattdeutsche Sprache aufgesogen. Mit 16 wollte er Kapitän werden und heuerte auf einem Bananendampfer an. Bald war aber erstmal „daddeldu“ mit der christlichen Seefahrt und nach Lehr- und Studienzeiten leitete er viele Jahre die Büro-Organisation einer Versicherung. Das Fernweh ist geblieben und wurde nicht nur durch gelegentliches Anheuern auf Frachtschiffen befriedigt. Auch Fahrradreisen gemeinsam mit seiner Frau, tragen mit dazu bei. Er ist zweifacher Vater und Opa von drei Enkelkindern. Plattdeutsch sieht er als eine unschlagbar aussagekräftige Sprache, mit der man ganz nah bei den Menschen ist. Seine Geschichten sind nicht frei erfunden. Darum sind Ähnlichkeiten mit lebenden oder schon verstorbenen Personen auch nicht zufällig. Ob sie trotzdem wahr sind, das mag jeder für sich selbst entscheiden.

Ralf Spreckels

Middenmang

Geschichten un Riemels
ton Smustern un Nadenken

Quickborn-Verlag

Die plattdeutsche Schreibweise des Autors
ist unverändert übernommen worden.

ISBN 978-3-87651-485-7

Umschlagfoto und Umschlaggestaltung: Günter Pump, Nordhastedt
Gesamtherstellung: CPI books GmbH, Leck
Der Umwelt zuliebe
auf chlorfrei gebleichtem Papier gedruckt
Printed in Germany

Inhalt

Vun Tohuus un rundrüm

Vun Seefohrt bit Radreisen

Vun Tohuus un rundrüm

Op`n Punkt bröcht!

Dat heet jo, Minschen in Norden snackt nich veel. Sünnerlich wi Keerls – weet ik jo sülm – wi pleegt mehr so de ökonomische norddüütsche Kommunikatschon un kaamt snell op`n Punkt. Ok bi dat digitale Snacken un Schrieven. Mien Fru schimpt twaars: „Fröher „muulfuul" un nu ok noch „schrievfuul"! Ik twiefel dat an. Nee, nee, wi Mannslüüd seggt un schrievt bloots wat, wenn wi ok wat mittodelen hebbt. Wi hebbt jo ok nich so veel to seggen. Hebbt lang de Fruuns övernahmen. Acht maal op! Na? Heff ik Recht? Fruuns kommunizeert veel mehr as Keerls. En digitale Fachmann hett mi vertellt, dat Texte vun Fruuns ok ümmer veel länger sünd as bi dat starke Geslecht. Uns grote Enkel snackt gottloff ok nich veel. Mien Fru seggt, se markt ümmer dütlicher, dat he wull so`n poor Gene mitkregen hett, de ehr bannig bekannt vörkaamt. Ik weet nich, wat se meent. Un se haut mi `n Bispill üm de Ohren: De Jung weer letzt Johr op `ne spaansche School – Schüleraustausch. Un as he al ne Wuch wedder tohuus weer, un wi harrn noch nix höört – sä mien Fru: „Fraag maal an, wo em dat gefullen hett. „Och," grien ik, „kennst du doch. Denn kriegt wi 3 Bookstaven torüch: Gut!" Un se grantig: „Giff maal her dat Smartphone!" Un denn hett se ne halve Stünn `n langen Text an em tickert un „taak" afsend.

Un denn weer ik doch positiv överrascht: „ He hett utföhrlich torüch schreven!" „Oh, wo schöön," freut se sik, „lees maaal vör. – Nee, tööv, ik maak uns eerst `n feinen Cortado." Un hett sik  kommodig in Sessel sett. Stünn jo mehr as bloots dree Bookstaven. Stünn nich bloots „gut", nee, nee, stünn … „Super"! Ik kunn mi dat nich verkniepen: „Op`n Punkt bröcht! Langt doch, oder?"

Yoga hölpt!

Maal zwickt dat hier, maal zwackt dat dor. De Dokter seggt, mi fehlt nix. Liekers fangst du an to Gruveln. Dor keem mien Fru mit Yoga an. „Schaden kann di dat bestimmt nich“, sä se. Na, ik heff mi eerstmaal `n beten klook maakt. In Indien schull Yoga de Yogis jo toeerst dorto denen, dat se bi`t Mediteern schöön lang dörchholen köönt. Later hett sik an Yoga ümmer maal wat verännert, is hüüt noch so. De Ene Yoga-Fan will bloots sien Rügg-Pien oder `n anner Wehwehchen los warrn, vele söökt aver `n Antwoort op Sinnfragen. Mi geiht dat dorüm, dat Zwicken un Zwacken weg to kriegen un üm Stress-Afbu. Un ik fünn rut, dat de vereenten Natschonen sogor `n weltwieden Yoga-Dag fastleggt hebbt. Wegen gesundheitsfördernder Wirkung! Na denn maak ik dat ok! To so`n Yoga-Workshop harr ik kene Lust un mien Schatz hett eerstmaal versöcht, mi den „Sonnengruß“ un den „Na baben kiekenden Hund“, to verklaren. Dat güng jo noch. Aver kort bevör ik mi bi so`ne „Elefantenfigur“ bald `n Knütten in Lief knütt harr, heff ik opgeven. Ik bin dorför to stiev. Will ik nu an arbeiden. Ik warr mi ok `n poor Böker besorgen un eerstmaal allens över Yoga in Roh studeern. Bit ik beter Bescheed weet, hool ik mi an ene Yoga-Figur, de ik sülm erfunnen heff. Se fallt mi veel lichter as dat, wat ik bither kennenlehrt heff. Is würklich vun jeedeen ganz eenfach natomaken. Geiht so: Kommodig in Sessel sitten, Füer in Kamin, liesen Musik, mediteeren un ganz sutje in Slaap sacken. Beter geiht `t nich! Mien Fru hett düsse Figur `n Naam geven. Den will se sik sogor noch schütten laten! Se seggt, de passt ok so wunnerbor to mi. Heet „De slapende Hamster“.

Lange Ünnerbüx

Herbert Grönemeyer singt: Wann ist en Mann en Mann? Swore Fraag. De stell ik mi ok Johr för Johr, wenn dat nevelig, natt un kold ward. Geiht al los, wenn ik kort in Goorn oder in Schuppen wat klütern will. Weest wat mien Fru seggt. Dat wat se in in kole Tieden ümmer seggt: „Treck doch ne lange Ünnerbüx an!“ Eerste Reakschoon vun mi – ok ümmer: Afwehr: „So kold is dat nich.“ Ofschons dat nich stimmt. Worüm wehr ik mi egentlich gegen de lange Ünnerbüx? Heff ik lang över nadacht un sogor in kloke Böker söcht, wo dat womööglich an liggt. Alleen al de Definitschoon: Ünner ene lange Ünnerbüx för Mannslüüd versteiht man en Stück Tüch ton Ünnertrecken ünner de böverste Büx. Aha! Un wat hett se för `ne Opgaav? Schall dat Achterdeel bedecken un warm holen un wat se vörn bedecken un warm holen schall, is bekannt. De eenzige lütte Vördeel gegenöver `ne normaal korte „Slübber“: De Been freert nich so licht, wieldat de Büx bit an de Knöchel rünner geiht. So. Un wat is dat Problem? Ik heff dat rutfunnen! Dat Imitsch! Keen anner Kledaasch för dat starke Geslecht hett so`n slechtet Imitsch. Ik segg bloots: Unerotische Liebestöter! Nich sexy! Mien Therapeut seggt, villicht heff ik `ne irratschonale Vörstellung von Mannheit. Ok mit lange Ünnerbüx dörf ik mi wohlföhlen. Schall mi nich üm Klischees un Vörordele kümmern.

Un nu? Ik heff se ünnertrocken! Ik freer nich mehr an de Been! Mega! Twee Vördele op een Slag! Un mien Egenwertgeföhl is ok wussen. Gode Fraag vun Herbert: Wann is en Mann en Mann?

Droomschipp

Goethe hett seggt: „Water is en fründlich Element.“ Finn ik ok. Aver wegen Corona lööp mit Schippsreisen jo nich veel. As dat wedder los gohn schull – mit Inschränkungen – keem mien Fru in mien Arbeidstuuv rinschoten. „Wat höllst du vun een Water-Aventüer?“ „Woso? Is di de Brill wedder in Goorndiek fullen”? „Ach Quatsch“, winkt se af. Nee, se harr Lust maal wedder so`ne lütte Luxustour mittomaken. „Ok ohn Landgang, un de Hygiene-Regeln sünd nich anners as tohuus.“ Ik Füer un Flamm? – „Nee – nee!” Se: „Ik denk, wi wüllt aktiv blieven!“ „Dat jo, aver ümmer noch to veel Lüüd an Bord. Un all de Corona-Vörschriften! Ik weet nich so recht.“ Poor Daag later: Dumen na ünnen, de Reisen sind afseggt. Wat maakt wi? Ik: „Pass op, mien Schatz. Dien Vörslag Schippsreis – bün ik dorbi. Aktiv blieven ok okay. Dat hebbt wi gemeensam. Villicht köönt wi uns jo op een för beide Sieden positiven Interessenutgliek enigen.“ Rutkamen is: Wi weern ene ganze Week ünnerwegens. Joho, mit Schipp! Wunnerbor!

Aver liekers müss ik söben Daag gegen de Wöör „fauler Kompromiß“ gegenan argumenteren. Droomschipp-Luxus? Güng so! Dorför nich vele Lüüd! Jo, uns ole Tweeer-Kajak, vele Johr arbeidslos ünner`t Gaaroschendack, hett uns allerbest dörch See- un Stroomwater dragen. Mien Fru hett dat ok Spaaß maakt, se will dat bloots nich togeven. An letzten Dag vun uns schöne Tour heff ik sehn, dat se heemlich `n poormaal ganz leeftallig över den Bug vun uns Paddelboot strakelt hett. Goethe hett Recht: Water is en fründlich Element.

Urlaubswien

Villicht kennst du dat jo ok ut egen Beleven. En schöön Glas Wien, kommodig jichenswo sitten. Ton Bispill an de romantische Moselwienstraat twüschen Koblenz un Cochem. De Sünn schient di op de Nääs, du hesst graad kene Sorgen. Urlaub! Wunnerbor! Ja, wunnerbor is Bacchus Gaav! Sä al Schiller. Aver kennst du de Gefohr?
Nee, nich wat du nu villicht denkst, nich toveel drunken. Nee, Wienproov bi en Winzer. Utsicht op idyllische Rebstöck an Hang. Wenn di denn so`n Sluck över de Tung löppt, ganz sutje den Hals rünner, de gor nich lang noog sien kann. Mmmmh! Sowat vun lecker! Tucholsky harr Recht: „Schaad, dat man Wien nich strakeln kann.“ Ja, un denn? Denn willst du den fein Smack, den Ruch, dat Geföhl, de Stimmung mitnehmen. Un bestellst. Twee Kisten witt, dree rot. „Unseren Rivaner müssen Sie unbedingt noch probieren! “Ik höör wat vun „krautige Note, typischer Muskatton, probeer, bestell un freu mi op dat Geneten na`n Urlaub op uns egen Terrass. Du,

dor hett `n Uul seten. Of du in Düütschland, Italien, Spanien, oder sünstwo `n lecker Wien drinkst, mitnimmst oder bestellst. Weetst wat? Tohuus – nee, is nich de Wien – tohuus büst du suer. Smeckt hier anners! Funkschonert nich, is `n anner Tostand, `n anner Grundgeföhl. Sluß dormit! Klaar, wenn ik in Urlaub bün, drink ik den Wien vun dor. Wenn ik tokümstig `n Wien tohuus drinken will, drink ik een vun hier. Jaaha! Ward jo ok al bi uns anbuut. Is de Lösung, würklich wohr! Heff ik `n poormaal proovt un keen verkehrt Geföhl mehr bi. Un ik mutt nich mehr flunkern, vun wegen „de smeckt ok tohuus good“. Deit he nich! Sühst wull, wo liggt de Wohrheit? Klaar, in Wien, oder?

Brett un Pit

Na vörn kieken. Jo, versöök ik! Entschleunigung? Liggt seggt. Egenordig is, an wat för`n nixigen Lüttkraam ik mi graad in düsse Sükentied unvermodens torüch erinner. Wumms – quietsch – flatsch! Dat hett uns fröher ut`n Slaap hoolt. Neven uns Huus: Navers Buurnhoff mit Kohstall un Misthupen. Un de Olendeler ümmer fröh mit de verroste Schuuvkaar vull frischen Kohmist in de Gang. Wumms – quietsch, – flatsch! Dormit he mit de Kaar op den Misthupen beter rop keem, leeg dor `ne eken Plank. De leeg dor al – würklich wohr – as ik `n lütte Buttjer weer. Un de Ole schööv de Kaar dor rop: Wumms – möök dat Holt! Föhr sutje op dat Brett lang: Quieeetsch! Afsetten, Paus! Sweet afwischen. Sacht un sinnig afkippen. Rünner mit den Mist: Flatsch! Wi hebbt bewunnert, mit wat för ´n Roh he ene Kaar na de anner afloden dä. Uns Kinner sünd mit den Klang opwussen, jo, vertellt dor hüüt noch vun. De Buurnsteed wörr later opgeven, över den Misthupen wuss Gras. De höltern Loopsteg bleev liggen. „Kann ik mi dat Stück Holt wegholen"? „Jo"! Ut dat eken Brett heff ik twee Gesichter torecht saagt. De hangt bi uns an`t Huus, en vörn, en achtern. Mien Fru: „De mütt Namens hebben." „Och wat, dat hier vörn heet Brett. Un dat achtern, …mmh ..." Dor rööp mien Schatz: „Brett? – Un – jo – un Pit!"

Brett un Pit – eken Holtköpp, de uns an Fröher erinnert, as Kohschiet noch mit de Schuuvkaar op`n Mistfaalt föhrt wöör. Un wi noch keen Wecker nödig harrn! Entschleunigung – dat Word hett kener kennt. Wat een in düsse Tieden mennigmaal so in Kopp kümmt! Afsünnerlich, oder?

Blatt blifft Blatt!

As Kalle uns letzt besöcht hett, seten wi an Fröhstücksdisch. Mien Schatz un ik. As ümmer jeder `n Deel vun de Zeitung vör de Nääs. Un he glieks: „Wat is dat denn?“ „Leest ji noch de Papeerutgaav?“ „Ja klaar, höört to uns kommodig Fröhstück. Vörlesen, diskereern, kabbeln. Gifft nix schöneres.“ Kalle keem `n beten ut`n Stohl hoch: „Dat is doch nich mehr anseggt! Kiek!“ röppt he, fummelt sien Handy ut de Tasch, wischt un tippt dor op rüm un wiest op de Överschriften, „Hier! En Woord in de Söökmaschien un mit een Klick finnst du allens wat wichtig is op dien Smartphone. Is doch handiger as dat grote Keesblatt!“ Wi keken uns twiefelnd an. Sünd wi vun güstern?
Ik will dat kort maken. Kalle lööt nich locker, `ne Wuch later seten wi, jeder mit `n Plietschfon, an Fröhstücksdisch. Güng veerteihn Daag. Denn sä mien Schatz morgens: „Wenn du glieks de Rundstücken köffst, bring doch maal wedder uns Zeitung mit.“ Weetst wat ik ehr geven heff? En Söten heff ik ehr geven! Klaar, de Hallofons hebbt wi noch,

aver nu wedder jeden Morgen de groten Bläder vör de Nääs. Wedder de Druckfarv rüken, bi`t ümblädern raschelt dat Papeer, wi sünd an`t studeern, diskereern, leest wat vör, ja, un wi kabbelt uns. Uns Welt is wedder in Ornung!
Höört heff ik, dat Zeitunglesen sogor umweltfründlicher sien schall as op een Handy. Sühst wull! Wi hebbt jo nix gegen digital un online, in Gegendeel, ohn geiht dat gor nich mehr. Liekers! Un ok wenn du vun de swatten Bookstaven ümmer so`n lütt beten schietige Poten kriggst, geiht doch nix över de echte Zeitung bi`n Fröhstück. Blatt blifft Blatt!
Schatz, schenk man noch `n Tass Kaffe in.

Niee Kledaasch

Is noch vör Corona wesst: Mien Schatz un ik sünd to `ne Hochtied inlaad. Schall groot fieert warrn. Standesamt, Kark, Gasthoff, Festeten, Musik, Danz, allens dorbi. Un wi hebbt `n Problem? Worüm? Ja, wi hebbt dorför nix Rechtes antotrecken. Wat för`n Outfit is anseggt? Sportlich? Leger? Konservativ? Krawatt? Piekfein? Paßt de gode Antog noch? Dat Kleed, Bluus, Büx? Mütt wi uns womööglich noch üm niee Kledaasch kümmern? Villicht noch passliche niee Schoh? Mien Fru slöppt al nich mehr good. Tweemaal hett se in Droom al na `n niees Kleed ropen, jo, denn bün ik ok waak. Güstern stünn se `n halven Dag vör` de opklappten Klederschappdören un hett mit sik sülm snackt. Ja, nützt nix, wi sünd lostrocken. Tüüg köpen. Hett bi mi 10 Minuten duert. Antrecken, Spegel, paßt! Un mien Schatz?

In den sössten Laden weer ik schafft, kunn nich mehr. Heff mi still in de Eck för männliche Marionetten sett, dor wo för de Keerls wat to lesen utleggt is. Tweemaal wörr ik ropen un dwungen mien Semp aftogeven to Kleder, Blazer, Schaals usw. „Steiht mi dat? Oder is dat beter?“ Dat is Folter! Wat ik maakt heff? As se wedder vull packt in ene Kabien verswünn, föhlt dat achteihnste Maal, ja, deiht mi Leed, dor bün ik utneiht. Heff mi nevenan bi `n Bäcker Kaffee un Koken gönnt. Na `ne Stünn wedder hen. Ik glööv, se harr dat gor nich mitkregen. Liekers fröög se misstroosch: „Du büst doch nich weg wesst?“ „Bloots ganz kort, ik müss maal.“ An sik löög ik nich geern. Aver gifft Situatschonen, dor geiht dat nich anners. Dor mutt man maal. – Flunkern meen ik!

Dat piert

Ik will jo keeneen op`n Liekdoorn pedden, aver ik mutt maal wat los warrn. Weetst du, wannehr bi mi de Arger-Slüüs ganz wiet opgeiht? Wenn ümmer mehr Lüüd so verdwarst snackt oder schrievt, dat Tohörers oder Lesers dat kuum noch verstoht. Acht dor maal op. Fernsehen, Radio, Zeitung. Kannst Studien drieven! Ik bün övertüügt, dat gifft `n Barg kloke Lüüd, de wüllt sik gor nich mehr klaar utdrücken. Mit Fremd- un Fachwöör spickt, ward kruus un ümständlich rümformuleert. Worüm dat ümmer leger ward? Jo, worüm wull? Ton Angeven! „Kiek doch maal, wo gebildt ik bin!“ En Fründ vun mi, ok so `n lütte Opsnieder. Will sik ümmer as besünners klook in`t Licht setten. Klaar, he weet veel, hett lang studeert un so. Letzt bi em to Huus. In de gode Stuuv sien Oma in ehrn Schuckelstohl, Pralinen op `n Disch un nascht ene na de annere weg. De Schachtel al dreeveertel leddig. He wiest grootmulig op den Naschkraam un seggt: „Oma, ich antizi-piere, dass ich partizi-piere! „Wat willst du“, rööp

Oma. He keek bloots minnachtig un winkt af. Jo, ik mi denn afmöht, to översetten: “He seggt vörut, dat he wat vun ehre Pralinen afkriggt!“ „Aha“, sä Oma un fichelt mit de Hand vör`n Kopp as`n Schievenwischer. „Worüm seggt he dat denn nich?” Se schööv sik noch twee Marzipaanstücken achter de Kusen – jo, un an den Rest – an denn hett se em nich partizipieren laten. Nee, hett se mi schenkt. Mit `n lütt Grientje.

Ik weet nich, of he dat rezi-piert hett – oh Schulligung – of he dat opnahmen und verarbeid hett. Mi argert so `ne spraakliche Opsniederie. Sowat piert mi! Versteihst du? Dat deit mi weh!

Afstand

Herbert hett ümmer `n Barg Grappen in Kopp. Letzt keem he mi mit sien snorkenden Mops in de Mööt. Wegen Corona hebbt wi uns lang nich sehn. Oppassen! Bloots nich to nah kamen. Een hett jo ümmer den Afstand in Sinn. Enmeterföfftig, beter noch twee Meter. Vörsichtshalver bliev ik al maal stohn. Un je neger he keem, üm so scharper keek he op den Footstieg. Stoppt nu ok. Sien Wiesfinger leggt he op de Lippen: „Psst!“ Denn streckt he em na vörn un fangt – ünnerstützt dörch de Fingers vun de anner Hand – dat Tellen an: „Een, twee, dree, veer, fief“ – geiht en Finger na`n annern hoch. Un wieder: „Söss, söven, acht, negen, teihn.“ Brummelt, kickt hoch: „So, erledigt! Nu segg an, wo geiht di dat?“ „Moin, Herbert. Mi geiht` good! Aver wat schaad di denn? Söchst du wat för dien Mops? Büst du ünner de Landschopsvermeter gohn, tellst du Kävers hier op`n Footpadd?“ He glupt mi an, stöhnt: „Ohhh! Weetst du wat du Windbüdel al ümmer harrst? Du harrst al ümmer kene Ahnung! Wi mütt uns doch in

düsse sworen Tieden kunnig maken. Kennst du di ut mit dat Plaaster hier op`t Trottoir? Weetst du wo lang un breet gängige Plaastersteen sünd? Nix dor, oder? Ik jo! Jo, heff mi klook maakt. Dat hier sünd Steen, in de Längskant 20 cm. Un wi beiden stoht nu teihn Steen vunenanner weg. Na Adam Riese 10 x 20 gifft twee Meter. Nu weetst du worüm ik tellt un rekent heff. Ik bün en Garant vör den afsolut sekeren Afstand wegen Corona!“ Oha!
Liekers, ik mutt gestohn, ganz so kruus sünd siene Ideen jo nu nich, oder?

Scheef gahn!

Vun een Ehetherapeuten heff ik `n kloken Satz leest: „Wenn in der Ehe das sensible Beziehungsgerüst der gegenseitigen Hilfe ins Wanken gerät, ist Gefahr im Verzug.“ Jo, heff ik ok Erfohrungen mit. Bispill: Jeden Dag hòör ik vun mien söte lütte Fru: „Schatz, kannst du mi gau maal hölpen?“ Denn schall ik ehr ut dat böverste Kökenschapp Schötteln, Tellers, Glöös, Tassen oder sünstwat rünner langen. Dusendmaal hòört. Jo, se kümmt ohn Hocker dor nich an. Ik hölp ehr natürlich geern. Kiek maal, se leggt mi jo ok jeden Morgen allens hen, wat ik antrecken schall. Büx, Pullover, Socken un so. Würklich, se deit veel mehr för mi, as ik för se. Un dat wull ik ännern, dormit de Waag vun dat gegensietige Hölpen so`n beten mehr in de Mitt pennelt. Un heff ehr Problem mit dat to hoge Kökenschapp in Angriff nahmen: Teknung, Material-List, Breder besorgt. As ik in miene lütt Warksted jüst anfangen wull to Schruven, kümmt Se un fraagt: „Na, Schatz, wat buust du Schööns?“ „Jo, schull egentlich `n Överraschung warrn. Ward ne höltern Loop-

Bank. Fief cm hoch, veertig breet un dree Meter lang. De steiht tokümstig op`n Kökenfootbodden vör de Schappen. Denn kannst överall sülm anlangen! Bruukst mi nie mehr fragen! Dat böverste Brett schöön in Signool-Rot!“

Du, dor hett se mi mit snelle, lude Wöör klaar maakt, dat ik jo wull afslut keen Sinn heff för dat gegensietige Hölpen in de Ehe. Un dat se mi geern üm Hölp fraagt! Un ton Sluß rööp se minnachtig: „Dat rode Brett, dat schruuv du di man vör`n Kopp!“ Oha! – Acht Daag her!

Güstern hett se mi endlich wedder fraagt, of ik ehr Tellers un Schötteln rünner lang. Puuh! Gottloff is de Welt nu wedder in Ornung. Beter is dat!

Niee un ole Musik

Mit Sigi över Musik snacken. Swoor! Klaar, he singt in Vereen, hett Humor, `n olen Plattenspeler un is recht `n poor Johr öller as ik. „Öller warrn geiht vun alleen vörbi.“ Hett he Recht mit. Wo he aver keen Recht mit hett, dat is sien Meenung över de Musik, de in de Radios löppt. Wenn wi uns dreept, ümmer miene eerste Fraag: „Na Sigi, hüüt al in Keller wesst?“ Denn fangt he glieks dat Schimpen an. „Jo, klaar! Vörher heff ik wedder twüschen de Radiosenners hen un her schalt. Allens engelsch, dat bin ik jo wennt. Un du weetst, ik kann ut de Huut fohrn, wenn de Refrain in en Leed teihn-, twintigmaal trällert ward. Fallt de Songwriter nix mehr in?“ – Un he sett noch een babenop: „Un mennig Leed höörst an een Dag föfftigmaal!“ Dat he överdrifft, weet ik. Üm em wedder rünner to holen – Ritual – stell ik de twete Fraag: „Vertell, wat hesst hüüt Schööns in Keller höört?“ Jo, he hett dor sien Plattenspeler stohn, dusend ole Schallplatten un dorhen ritt he ut, wenn he de Nääs full hett. Un stolt tellt he op: „Friedel Hensch mit `Der

Mond von Wanne Eickel´. `Mit sümteihn hett man noch Drööm´, vun… wo heet se noch snell? Twee LP`s vun Freddy. Alexandra `Mien Fründ de Boom´. Wanda Jackson mit `Santo Domingo´. Na `Marmor, Steen un Iesen´ heff ik mi `n Beer günnt. De Wien is güstern al all worrn. Glas Beer un dorto vun Udo `Griechischer Wein´. Denn güng mi dat beter.“ Tja, över Smack lött sik strieden. Good is, dat Sigi den – wat seggt he – den Rundfunk – nich afmeld. „Nee, bruuk ik!“ Aver he is ok `n Sluusohr un villicht is sien bekritteln vun niemodsche Musik ok bloots `n Vörwand, üm kommodig in Keller ... usw. Man weet dat jo nich!

Snaaksch utdrückt

Ik morgens bi`t Holthacken. Holger geiht mit sien Hund vörbi. “Mahltied,“ bölkt he – Mahltied? Üm halv teihn!  Naja! Egal, wi harrn uns lang nich sehn un sünd in`t Snacken kamen. Un as ik noog dormit angeven harr, woveel Holt ik hüüt noch lütt maken will, wat sä he ton Afscheed? Nee, nich hau rin, hool di fuchtig oder Tüüs. Nee, nee, he sä: „Bit denn!” Un bi`t Weggohn keem noch: „Eerstmaal!“ Un ik heff mi fraagt: Woso egentlich bit denn? Schall jo wull bedüden, dat wi uns wedderseht. Aver wannehr is dat? Dat steiht doch in de Steerns. Eerst sien afsünnerlich „Mahltied“ so fröh morgens un nu noch „Bit denn“! Un wat schall dat mit „eerstmaal?“ Eerstmaal wat? För den Momang? Vörlöpig? Noch nich to Enn? Oder wat? Dat is doch snaaksch utdrückt! Över dat, wat Lüüd so vun sik geevt, gruvel ik geern na, will weten wat dor achter steekt. Ik dat Biel eerstmaal in de Eck un snell an miene kloken Böker. Wannehr seggt een Mahltied, bit denn un eerstmaal? Mien Fru: „Unnütte Gedanken, pennschieterig is dat!“ Un iroonsch, as se sik ton Inköpen verafscheed: „Hest nix anneres to doon?” „Menno!“ schimp ik!“ Se keek mi so vun baben an: „Na, denn maak dat man good!“ Ik verdreetlich: „Jo, jo, maak dat beter!“ Bi de Böker vergeet ik, dat ik Holthacken wull – oder – h-h- schull. Twee Stünnen later seh ik mien Leefste torüch kamen. Ohaoha! En so`n dummerhaftigen Snack weer mi bi`t Studeern in`t Oog fullen. Mit den man versöken kann `ne haarige Situatschoon aftomildern. Nu, wo de Arger üm de Kurv kümmt. Un den Snack heff ik to mi sülm seggt! Aver ganz liesen. „Na denn Prost Mahltied!“

Över`t Biowedder

Kommodig fröhstücken, Pott Kaffe, Zeitung. To allereerst kiek ik mi achtern in`t Blatt de Familien-Annoncen an. De ton Freuen un klaar, ok de trurigen. Denn Politik un wat op uns Eer so passeert. Toletzt de Wedderkort, de Buernregel un dat Biowedder. Nu is mi klaar worrn, dat düsse Reeg mi nich good deiht. Un ik heff dat ännert. Worüm? Nee, mit de trurigen Annoncen hett dat nix to doon. Nee, gor nix! Dat Dilemma is, sünnerlich in de düster Johrstied, dat Biowedder. Dor steiht denn ton Bispill: Dat Wedder hett hüüt mehr Macht op den Organismus. Du musst mit Beswerden reken. Du föhlst di mööd un matt. Rheumatische Pien drauht. De Gefohr, sik mit `n Snööf antosteken is groot. Vele ward hüüt vun Koppweh un Swinnel-Geföhl plaagt. Wegen den Blooddruck schasst du di schonen. Hüüt hett dat Hart mehr as sünst to doon. Du slöppst slecht. Kannst di nich recht konzentreern. Diene Reakschoonstied is länger as sünst. Du, un so wat fröh morgens! Dor reageer ik op! Würklich wohr! Kann ik mi nich gegen wehren. Blifft ümmer wat in Kopp. Dat döcht doch nix! Wenn ik denn later miene Joggingrunn maken will – Biowedder hüüt? Oha, ja! Denn hork ik eerstmaal in mi rin, schätz dat Gesundheits-Risiko in .. un … un ... ja ... un bliev lever mit`n Mors to Huus. Moliere: „Der eingebildete Kranke." Dor is nu Sluß mit! Dat Biowedder lees ik nich mehr! Eenfach loslopen. Veel beter! Of dat Kohschiet regent oder wat för `ne Süük mi ok bedrauht. Mien Biowedder is dat, wat hüüt graad löppt. Egool wat! Ik loop eenfach mit. Un weetst wat? Föhl ik mi wohler bi!

Mitmaal is Fröhjohr

Düsternis flücht ut de Seel,
nu kümmt dat helle Licht.
Zittlöösch un Karkenslötels geel,
de Winter maakt nu Schicht.

Miteens is hüüt de Warmnis dor,
dat geiht ümmer so gau.
Nu ward den Winter endlich klaar:
Heff nix mehr in de Mau.

Hüüt tiriliert de Spreen op`t Dack,
sünd scharp op ehrn Kasten.
De Goornstöhl wüllt nu frischen Lack,
de Fahnen an de Masten.

Navers Jiffer kläfft vull Süchten,
kickt na een Tiff hüüt ut.
Tuunkrüper denkt nich an sien Flünken,
to Foot söcht he `ne Bruut.

De dore Bessen höögt sik hüüt,
stellt driest sik mi in Weg.
Wiel he mi geern in Äktschn süht,
ward he in`t Fröhjohr frech.

Grootmodder suust fröh ut de Dööör,
sünst slöppt se noch `ne Stünn.
Hüüt kümmt se mi so kregel vör,
hängt Feudel in de Sünn.

De Mullwarp hett frisch Hümpels smeten.
Schall ik mi argern? Geiht nich los!
De swatte Eer, dat musst du weten,
is allerbest för miene Roos.

Fief Hupens, meern op den Padd,
hüüt is mi dat egal.
Laat Schiet, dat maak ik morgen glatt,
hüüt treckt mi nix hendaal.

Will hüüt ok nix vun Pottblomen weten,
plier na de Sünn – loop ruut.
De Hümpels heff ik glatt vergeten,
butz – fall ik op de Snuut.

Klotz an`t Been

Du, mitünner bün ik trurig,
wenn ik alleen dörch`t Dörp maal goh.
Keen dor ton Snacken, beduur ik lurig,
un gruvel över Plattdüütsch na.
Bargdol mit Platt, so höört een veel,
Plattsnacken, dat ward roor.
Dat liggt mi bannig op de Seel,
nützt aver nix – is wohr!

Un ik gruvel un sinneer,
wat künnt wi bloots dor gegen doon?
Rein plattdüütsch is de Welt nich mehr!
Villicht maal niee Padden gohn?
An sowat heff ik denn to knusen,
Loopschoh her, Trikot un Hoos.
Bi so`ne Fragen mutt ik susen,
sünst warr ik dat Problem nich los.

Un ik zuckel lang de Straat,
hoch un rünner, lockern Draff.
Nee, ik weet dor ok keen Raat
Loop bargop, geiht Platt bargaf ?

Dat hangt mi as so`n Klotz an`t Been,
wat höllt dat op, wat is to doon?
`n Utweg weet ik aver keen,
liekers lött mi dat nich rohn.
Un in den Rhythmus vun mien Schreed,
kümmt mi en ole Vers in Sinn,
oder weer dat gor `n Leed?
Un ik fummel mi dor rin:
Klotz, Klotz, Klotz an`t Been,
Klavier vör`n Buuk, wo lang is de Schossee?
Rechts `ne Pappel, links `ne Pappel,
in de Mitt `n Peerappel,
Klotz, Klotz, Klotz an`t Been,
Klavier vör`n Buuk, Platt schall överleven!

Plattdüütsch sungen ward jo veel,
de olen Leeder daal un hoch.
Doch ümmer bloots „Danz op de Deel“,
ik bün ganz seker, dat is nich noog!
Bloots Schenkel kloppen is to minn,
Jux alleen hölpt ok nich recht!
Un Pastors Koh maal antobinn´,
weer hüüttodaags villicht nich slecht.
Platt-Publikum geiht op de Hunnert,
Omas un Opas mit veel Schick!
Se sünd – ik mark dat jo verwunnert,
akraat so karkhoffblond as ik.

Un ik loop un kiek vörut,
noch heff ik dat gottloff nich satt,
hööp, mi geiht de Puust nich ut,
op den rugen plattdüütsch Padd.

Klaar, Radio, Heimatbund, Theoter,
Bökerien, all sünd`s in Gang:
Op plattdüütsch Möhlen frischet Water!
Dat is de Weg, dor geiht dat lang!
Un uns Kinner, lehrt de noch Platt?
Doch! Vele Scholen sünd dor groot.
Mien Enkels de köönt ok al wat:
„Wo geiht di dat?“ – „Mi geiht dat good!“

Un ik loop, Utsichten heller,
An`t Tunnelenn is Licht to sehn
Dat gifft mi Moot un ik loop sneller,
Klotz, Klotz, Klotz an`t Been,
Klavier vör`n Buuk, wo lang is de Schossee?
Hier `ne Pappel, dor `ne Pappel,
middenmang en Peerappel,
Klotz, Klotz, Klotz an`t Been,
Klavier vör`n Buuk, Platt mutt överleven!

Nu gifft dat jo, ik finn dat good,
moderne Texte ok op Platt.
Musikers, jung, mit frischen Moot,
de sik wat truut, dat is doch wat!

Bi Rap, Poetry-Slam un so,
ward vele anner Ohren grood.
Un opmaal höört Minschen to,
de harrn mit Platt nie wat an Hoot.
Noch mehr Ideen, mehr Niees wagen,
Themen finnen för junge Lüüd,
nich ümmer na dat Ole fragen,
ok, wenn dat denn maal Striet bedüüd!
Ja, wi kóönt Platt! Wi kóönt mehr!
Dat Snacken, dat steiht bavenan!
Truut ju, Lüüd, goht dull to Kehr,
dormit Platt överleven kann!

Un ik jachter un ik jogg,
noch faster ward mien Menen.
Jo, nu krieg ik richtig Bock,
Klotz, Klotz, Klotz an`t Been,
Klavier vör`n Buuk, wo lang is de Schossee?
Hier `ne Linn, dor `ne Linn,
laat uns noch mehr Niees erfinn`!
Klotz, Klotz, Klotz an`t Been,
Klavier vör`n Buuk, Platt mutt överleven!

Wedder tohuus gifft de Fru mi so`n lütten
Fingerstips:
„Hesst dien Problem nu endlich klaar?“
And i kissed her on the lips,
and the crew began to roar.

Oh, dammi, dat is engelsch west,
hebbt ji dat markt? Dat weer `n Test!
Klotz, Klotz, Klotz an`t Been
Klavier vör`n Buuk, Platt mutt överleven!

Vun afsupen, Farken klauen un Mosesfabrik

„Vun Floot un Wellen is op`t best in Drögen vertellen“. Dat hett Klaus Groth maal seggt. Hett he wull Recht mit. Ik schriev un vertell jo geern ok maal Geschichten vun de Seefohrt. Worüm egentlich? Klaar, mitünner in mien Leven harr ik mit Seefohrt wat to doon. Un `n ganz lütt beten föhrt bün ik ok. Aver glieks maal vörweg: En richtige Seemann bün ik nich worrn! Dat Leven lööp anners. Uns Vadder is ölben Johr bi de Marine op verscheden Schipp to See föhrt. De halve Tied in Krieg. Un dor wull he, as wi beiden Jungs lütt weern, nich vun snacken. Aventüergeschichten, de wi jo hören wullen – Fehlanzeig! Later, as Vadder old un wi groot weern, dor lööt he af un an doch maal `ne lütt Geschicht rut. Ton Bispill vun en afsopen Schipp. Dat se all vun Bord in`t Water müssen. Un dat he eenmaal in en Haven för den Smutje en lütt Swien, `n Farken – wat sä Vadder – jichtenswo „afholen“ schull. Egentlich off limits, tabu, verbaden! Mit `n

Motorrad mit Biwagen los. Op de Torüchtour `ne Kontroll. Un wieldat dat lütt Deert in den afdeckten Biwagen an`t Ramentern weer, hett he den Gashevel ümmer vörsichtig so`n beten opdreiht. Güng good! Dat illegale Farken keem an Bord un, tja, in Pott un Pann.
Mien Broder, veer Johr öller as ik, is vele Johr to See föhrt. Un ik kreeg de bunten Ansichtskorten vun rund üm de grote Welt. Feernweh! So keem dat, dat ik – mit noch föffteihn Johr – op de Mosesfabrik Priwall, Schippsjungenschool, gohn bün. Een Maand müssen wi Jungs ok op de Passat, de domals al in Travemünde stillleeg, wahnen un lehren. Hett Spaaß maakt. Gode Kameradschop. Liekers wöörn wi ok hart rannohmen bi`t Segelnlehren, Pullen mit de groten Bööd. Dor harrn de Blasen an de Hannen nich recht Tied ton helen. Un nachts sünd wi heemlich `n Stück in de Takelaasch kladdert, wat streng verbaden weer. Aver uns Utbiller, hett heten, he is noch een vun olen Slag, en Kap-Hoornier, hett ümmer so doon, as of he nix dorvun mitkregen hett.

Vun Seeduun, Bordleven, New York un Karabik

As ik mit de Utbildung dörch weer, güng dat mit`n Bananendamper övern Atlantik na Nord-Amerika. Mit wat ik nich rekent harr, weer dat Seekrankwarrn. Op Plattdüütsch seeduun. Seeduun hö̈ört sik jo binah good an. Aver dat weer nich good. Dor harr ik Dag för Dag fix mit to kämpen. Dat hett mi mö̈ör maakt. Liekers musst du jo arbeiden. As Moses afwesselnd an Deck un in de Pantry: Reinschipp, Rost kloppen, malen, „Schiffserhaltung“. Un Backschaft. Dat bedüüd, de Mannschop bi`t Backen un Banken – bi`t Eten – bedenen, Disch opdecken, afrümen, afwaschen, allens wedder schier maken. Wenn de Maten würklich maal Naschrapels op dat afwuschen Geschirr funnen, kreeg ik örntlich wat to hören un ok Muulschellen andrauht. So lö̈öp de mitünner ok ruugbenig Alldag an Bord. Twee, dreemaal `n Waalfisch sehn, Fisch de flegen kö̈önt sünd op`t Deck land, Delphine vör`n Bug rümsuust. Denn de Haven vun de Weltmetropole New York, Ökelnaam „Big

Apple“. An de Freeheitsstatue vörbi, Hudson-River, de Wulkenkratzers vun Manhattan, – mi bleev de Luft weg. Ik as Dörpsjung in New York! 1962! Ofschons Matrosen un Bootsmann mi wohrschuut harrn, bün ik alleen tofoot dörch de Straten trocken un kreeg de Ogen gor nich wiet noog op. Heff grote Armot sehn un lang den Broadway bummelt. Ik weet noch, as mi en Passant wat fraagt hett un ik em nich recht verstünn. Jo, soveel engelsch harrn wi in de School nich lehrt. Dor heff ik stamert: “Sorry, ik ääh, ik – ääh – i don`t speak english“. Hett he mi `n Vagel zeigt. Later güng dat na de karibischen Inseln Guadeloupe. Bananen laden. Na Curacao, na Columbien. Bavento to miene Pien mit seekrank heff ik mi noch een Finger in de Luuk breet quetscht. Jo, lööp nich allens glatt op miene eerste grote Reis.

Vun Daddeldu, Lehr-, Suldaten- un Schooltied

Torüch in Europa, in een französchen Haven heff ik – wat sä man – in Sack haut, künnigt. „Daddeldu“ mit de christliche Seefohrt! Mien Droom opgeven! Jo, dat weer de Anfang vun mien Seefohrtstied un „eerstmaal“ ok dat Enn för vele Johr. Wedder an Land, heff ik mi ne Lehrstell söcht. In een lütte Warksteed in Kiel, dor wo hüüt de Sophienhoff is. Denn bleev de Meister doot un ik müss in een annern Bedrief to Enn lehrn. Denn Bundeswehr, Wehrplicht. Domals enunenhalv Johr. Suldat spelen, harr ik keen Lust to, heff mi lever bi de Mannslüüd mit de blauen Flegeruniformen verplicht. De Technik bi de Flegers hett mi intressert. Technische School in Bayern, op`n Floogplatz Deenst maakt. In de Tied heff ik heiraad, wi hebbt uns Dochter kregen. Wedder School un Widerbillen in Düsseldörp. Toeerst in ene WG tosamen mit dree Jungkeerls. Verscheden Afslüsse maakt. Ne Tiedlang dor mit Fru un Dochter wahnt, later in Neddersassen Arbeid funnen. Wedder ümtrocken. Dor hebbt wi lütte

Familie `n poor Johr leevt, ümmer mit Lengen torüch na de sleswig-holsteensche Ostseeküst. As uns twetes Kind, uns Söhn dor weer, sünd wi bald wedder dicht bi Kiel land. Un bün dor vele Johr bi `n grote Versekerung en lütte Baas wesst.

Vun able bodied un Deja-vu

Jo, un wat lööp mit Aventüer, Feernweh un Seefohrt? Mien Broder weer intwüschen Kaptein. Un as dat eenmaal op`t Schipp to wenig Lüüd geev, hett he mi fraagt, of ik villicht för `n Maand oder so afkömmlich weer. „Jo, klaar, geern, dat krieg ik hen!“ Verraden heff ik vör miene eerste Frachtschippreis na twintig Johr aver nich, dat ik al lang weten wull, of de dore Seekrankheit mi ümmer noch so aasig piesacken wörr as fröher. Klaar müss ik toeerst ton Gesundheits-Check. Mien Seefohrtsbook un den olen Seesack harr ik jo noch, un denn stünn ik ok gau as A.B. in de Besatzungslist. A.B. – able bodied – bedüüd körperlich fähig! Jo, un dat weer ik. Juhu un Ahoi! Seekrank, so as in miene Mosestied bün ik gottloff nich mehr worrn! Wedder maal Schippsplanken ünner de Fööt. Wat `n fein Geföhl! Un weer Realität! Keen Deja-vu! Af denn wörr ik ümmer maal wedder fraagt un kunn dat ok ümmer jichtens inrichten mit Afbummeln vun Mehrarbeid un Urlaubstied. So bün ik neven mien Bürojob op verscheden

Frachtschippen rümkamen. Italien, Portugal, Spanien, Irland, England, Norwegen, Puerto-Rico, Nordamerika. Heff an Deck un in de Maschien klütert, bün överall geern an Land gohn, heff nich de ganz groten Aventüer, liekers aver allerlei beleevt.

Vun Football, Rotlicht, Smuggeln, Policia un coast guard

Ton Bispill as wi in Sommer 1982 vör Anker legen. Vör de schroffe Felsenküst vun Talamone, en leeflich Dörp in Italien mit `n vörnehmen, lütten Yachthaven, to lütt för uns Damper. Mit Motorboot sünd wi an Land föhrt. Wi wullen dat Football-WM-Endspeel ut Spanien sehn.

Italien : Düütschland. Harrn Fahnen mit un weern ok al good in Stimmung. Alle Mann hen na ene Osteria. De Lüüd överall vörweg al an`t Fiern, Feernsehers weern buten ansmeten. Un – glööv dat oder glööv dat nich – teihn Minuten bevör dat grote Speel losgüng, füll kumpleet in den Oort de Strom ut. Un keem ok nich wedder. Nix mit Football kieken! En Mini-Batterie-Kiekkasten in een Finster weer so belagert, wi hebbt nix mitkregen. Italien is verdeent Weltmeister worrn un wi Seelüüd un vele, vele Italiener hebbt verdreeglich tosamen bit fröh morgens fiert. Ik weet gor nich mehr… sünd wi dor duun bi worrn? Nee, nee, bloots ener vun uns Janmaten is vun de Kaimuer in

vulle Kledaasch in Haven fullen. Mit Gesang hebbt wie em wedder rutfischt un an Land trocken. Un wat wieder? Nee, da schweigt des Sängers Höflichkeit.
Oder as wi mit `n poor Mann in ene Havenstadt in Portugal maal in so`ne schummerige Danzbar mit Rotlicht seten. Dat Rotlicht güng opmaal ut, un de annern Keerls dor in Düstern op uns los. Ik weet hüüt noch nich wat se gegen uns harrn. So gau bün ik aver nienich wedder vun`n Beerdisch wegstörmt. Gottloff is uns nix wieder passeert.
En beten kriminell bün ik binah in Norwegen worrn. Ik wull twee Buddeln Wodka smuggeln un dor verköpen. Ik weet, sowat deit man nich! Heff ik in miene Schoh ünnen in`t Spind versteken. Aver kort bevör de Zoll an Bord keem heff ik dat mit de Angst kregen un allens af in de Toilett. So bün ik doch `n ehrliche Huut bleven.
In Portugal sünd Kaptein, en Decksmann un ik in de Münn vun den den groten Stroom Douro vun de Havenpolizei hopp nahmen worrn. Wi weern mit een vun de Rettungsbööt ünnerwegens. Un hebbt as al `n poormaal vörher in en Vöroort vun Porto fastmakt üm dor lecker Fisch to eten un `n Glas Wien to drinken. Mit de Lüüd dor harrn wi uns al

anfrünnt. Opmaal Policia. Wullen uns un dat Boot afslepen. Diskereern geev dat nich, wi müssen mit. Ik glööv, so hunnertföfftig Minschen hebbt an de Pier stohn, de armen Polizisten utpepen un Buh ropen. Wat`n Spektakel! Liekers hebbt se uns na Porto rin afslept. Güng op de Wach dor böös hen un her. Toletzt hett uns dat düütsche Konsulat bistahn un na dree Stünnen wöörn wi wedder frielaten. Wat dat op sik harr? Kene Ahnung! Wenn ik nu segg, dat dat Spaaß maakt hett, weer dat logen. Bannig Spaaß maakt hett aver uns wedder Intrudeln dor, woans se uns Stünnen vörher verhaft harrn. Wat `n Bifall, wat`n Juchheien! Wi weern de Helden un kunnen gor nix dorför.
Juchheit hebbt wi nich, as 1988 uns Damper in de Karibik vör Kuba vun de United-States-Coast Guard stoppt wöör, en swoorbewaffnete Trupp an Bord enterte, uns woortlos in Schach hööl un allens dörchsöcht hett. Fründlich weern se wohrhaftig nich! Funnen hebbt se natüürlich nix.
Un in Baltimore wull mi en Taxifohrer, de mi torüch na`n Damper bröcht harr maal an de Wull, wieldat ik mi weigert heff, den veel to hogen Fohrpries to betahlen. As de Kameraden vun`t Schipp över de Gangway an Land

kemen, is he mit quietschen Rööd afhaut. Un hett ut Finster bölkt: Fuckin German!
So künn ik ümmer wieder vertellen. Ik glööv, de Geschichten wörrn mi lang nich utgohn. En Book, tominnst `n lütt Book kunn ik seker vullschrieven!

Vun Storm mit Folgen un vun`t Radfohren

Aver miene sporadsche Seefohrtstied is noch nich noog wesst för dat Lengen, för dat Feernweh. As mien Fru ok maal mitföhrt un an Bord mitarbeid hett, seten wi an een Avend baben in`t Roderhuus. In ene Bucht vör de engelsche Kanalküst müssen wi ankern, wieldat uns en Storm mit ölben bit twölf toschaffen maakt harr. Un ümmer noch afwesselnd güng de Nock an Backbord un denn wedder an Stüerbord steil hoch un wedder rünner, aver de Wind nööm af. Tosamen mit Kaptein un Fru sünd wi bi`t Snacken op de Idee kamen, maal ganz wat Anneres to maken. Maal mit Fohrrad op grote Fohrt? En Johr later sünd wi Veer vun Schwarzwald ut mit Rad na Marseille, över Korsika, Sardinien na Italien un Österreich radelt. Söss Wuchen. Över 2100 km.

Liekers heff ik ok in de neegsten Johren noch `n poormaal op`n Damper anhüürt. Aver siet de Tied föhrt mien Fru un ik – nu al över dörtig Johr – ok Johr för Johr mit Rad op Tour.

Bloots 2020 nich, wegen Corona! Mehr as 46.000 km sünd wi dörch Europa pett. Nix mit E-Bike, nee, noch nich! Twischen Oslo un Rom, vun de Atlantikküst bit an de russische Grenz. Krüüz un quer, hoch un rünner. Na Polen hebbt wi uns eenmaal in Hamburg op en Frachtschipp twee Kojen miet, sünd mit uns Rööd in Gdynia utstegen un losstrampelt. Bit an de russische Grenz un an de Ostsee torüch bit Tohuus. De längste Reis weer vun uns Dörp na Spanien un wedder torüch. Knapp 6000 km, ölben Weken un een Dag radföhrt. Wat wi alleen op düsse Tour allens tosamen beleevt un sehn hebbt!

So slütt sik de Krink. Vun dat naive jugendliche Feernweh na anner Länner, vun Seefohrt bit hen na grote Fohrt mit Rad. Noch maal torüch to de Seefohrt. Ton Anfang is Klaus Groth vun Floot un Wellen to Woort kamen. Wat he vun dat Vertellen dor över sä, dat is wohr. In Drögen is op`t best dorvun vertellen! Vun Ringelnatz gifft dat en lütt Gedicht över`t Reisen. „Arm Kräutchen“ heet dat. Geiht üm den „Sauerampfer,“ op Platt „Suerblatt“, de op`n Bahndamm wasst un de Iesenbahn ümmer bloots bi`t Reisen tokieken kann. De letzte Satz in sien Riemel seggt – den Sinn na un platt maakt: „Dat Suerblatt arm un kleen, süht ümmer bloots en Iesenbahn, hett nie een Damper sehn.“ Ok wohr, aver wehmödig, oder? En anner kloke Mann hett maal seggt: Wokeen schrifft, de vertellt vun sik sülm. Ik glööv, ok he hett Recht.

Pinpilinpauxa

Mien Schatz un ik weern mit Fohrrad in de spaanschen Pyrenäen, in`t Baskenland ünnerwegens un hebbt ümmer versöcht, so`n beten wat vun de sware baskische Spraak mittokriegen. Op een Fest in de Bargen keem Matti, een vun de Dörpslüüd mit dat Woord Pinpilinpauxa. Harrn wi vörher noch nie höört. En Woord mit Charakter, hett he uns klookmaakt! Wat dat bedüüd, wull he uns aver noch nich veraden. Dormit ik dat nich wedder vergeet, heff ik mi dat in mien Notizbook för schöne Wöör schreven. Pinpilinpauxa ward achtern – bi pauxa – mit X schreven. Seggt ward aver pausa – Pinpilinpausa.
Uns niee Amigo Matti möök uns klaar, dat wi dat sutje seggen mütt. „Cuidado“, oppassen, rööp he. Un hett uns dat noch maal hören laten: Pin-pilin-pausa. Un denn wi wedder. „No! No“, sä he. Weer noch to gau, langsamer! Noch maal: Piin- pii -liin – pauu-sa. „Si, Si, correcto,“ lacht he un de Lüüd um uns rüm freut sik mit. Denn hebbt wi tosamen noch `n paar Glöös Wien drunken un dat niee Woord

övt. Eenfach schööön! Wi wüssen ümmer noch nich, wat dat is. Keen Ahnen! Matti hett uns raden laten. Geev noch `n baskisches Woord dorför. Tximileta. Aver dat hett uns ok nich wieder bröcht. De ganze schöne Sommeravend dreihte sik üm Pinpilinpausa.

Un later hebbt wi uns föhlt as `n… as `n wat? Jo, as `n Schmetterling. So heet dat op düütsch. Schmetterling höört sik hart an, Pinpilinpausa klingt week un binah süht een bi`t Utspreken so`n bunten Gesell sutje vörbiflattern. Probeer doch sülm maal: Piin-pii-liin-pau-sa.

Vun Fröher

De Pietsch

Vadder hett veel vun sien Oma un Opa snackt. Dat he as Hamborger Jung geern bi de beiden op `n Dörp wesst is. Un klaar, dor wörr tosamen mit de annern Kinner ok veel Dummtüch maakt. Denn hett Oma, ofschons `ne hartensgode Fru, liekers mit em schimpt un em drauht. Hett mit ehrn opstellten Wiesfinger wackelt, `n beten smustert un ropen: „Jung benimm di, sünst gifft dat wat mit de Pietsch!“ Aua! Höört sik nich graad fründlich an, weer aver natüürlich bloots Spaaß. Un dorbi hett se geern op de Kökendöör wiest, wo Opas Pietsch an hüng. Wenn he mit`n Peerwagen los müss, müss jo ok de Pietsch mit. Dat is allens lang her, bald hunnert Johr! Dat Vadder uns beiden lütten Jungs dorvun vertellt hett, dat harr ik kumpleet vergeten. Bün ik nu eerst wedder op stött. Worüm mi dat infullen is? Paß op: In de slimme Pandemietied sünd mien Fru un ik jo veel mehr tohuus bleven as sünst. Un hebbt allens mögliche afarbeid un erledigt wat wi al lang wullen. Ton Bispill wohrt wi al vele Johrteihnte ole Breven vun Vadder op, de baben op`n Böhn in so`n Holtkassen legen. All mit de Hand in düütsche Schrift schreven un bi`t Lesen – al hunnertmaal probeert – harrn wi bannig grote Möh un hebbt ümmer wedder opgeven. Güng nich. En Problem weer Vadders Handschrift. He hett so schraag un wohrschienlich ok so snell schreven, alleen dorüm kemen wi nich recht wieder. Un `n poor ole Dörpslüüd fragen, de noch düütsche Schrift lehrt hebbt, hett uns ok nich wieder bröcht. So, un nu – wo schull man wegen Corona schon groot avends hen – hebbt wi uns eerstmaal een Breef ut de Kriegstied, vun 1945 rutsöcht, söben Sieden lang un uns sworen, wi pusselt dor nu Bookstaav för Bookstaav so lang an rüm, bit wi den Inhoolt ruthebbt. Veer Wuchen hebbt wi Avend för Avend vör dat al spaksige ole Papeer seten, gruvelt, probeert, Vermodens. Nee, fastlopen, gifft noch keen Sinn. Noch maal vun vörn. So güng dat. Un na`n Barg verkehrte Wegen, de ene oder anner Buddel Wien, Irrdömer, Koppweh, aver ok ganz veel Spaaß, harrn wi endlich de Wöör vun den över fiefunsöbentig Johr olen Breef vör uns liggen. Ik will dat nu nich hier utbreden, wat dor allens in steiht, aver `n poor

Stremels hebbt uns besünners anröögt. Ton Bispill dat Vadder lang nix mehr vun Fru un Söhn hööört harr. Un as denn endlich wedder `n Breef keem, hett he antert: „*Du glaubst es gar nicht, Liebling, wie froh ich bin, dass ihr aus dem Schlamassel im Osten heraus und gesund bei Oma gelandet seid..... Mien Deern, denke bitte nicht, dass ich unseren Hochzeitstag vergessen hätte. Doch wo sollte ich meinen Brief hinschicken. Ich wusste ja nicht einmal, wo ich Euch vermuten könnte.*“ Un ton Sluß harr Vadder schreven: „*Und grüsse mir meinen Jungen auch schön*“. Un denn keem noch en Satz egens op Plattdüütsch för Oma: „*Dat du mien Jung nix mit de Pietsch geven deist, Oma! Wenn ik ok en Slötendriever wesst bün, vun mi ut kann he ok een warrn, dat hört to een richtigen Jung!*“ Un dor füll mi de ole Geschicht vun de Pietsch wedder in. Och jo! Vadder as lütte Jung! Oma un de Pietsch! – Uns Arbeid an den olen Breef hett sik würklich lohnt. En wehmödig, liekers aver wunnerbore Blick in verleden Tieden!

So bün ik op`t Dörp kamen

As mien grote Broder op de Welt keem, lööp de Krieg al dree Johr. Modder weer Fiefuntwintig, mien Broder Twee, as se ut de Stadt Stettin afhauen müssen. Flucht! Wohen? Vun Vadder lang nix hört. He weer op See, Marine. Mi geev dat noch nich. Land sünd de beiden denn bi Vadders Grootmodder in een lütt Dörp in Sleswig-Holsteen dicht bi Kiel. Oma, later miene Uroma, weer noch nich lang Wittfru. Se harr in een ole Reetkaat twee Stuven, ene ton Wahnen mit `n Aven un `ne kole Slaapkamer. Water müss mit `n Emmer ut de Pump op de anner Stratensiet anslept warrn. Tante Meier achtern op `n Hoff. Liekers weer dat för se kene Fraag, de twee Flüchtlinge bi sik optonehmen. As Vadder ut Kriegsgefangenschaft torüch keem, harr se för em ok noch Platz. En Jahr later hebbt mien Öllern ehrn Söhn vull Freud mitdeelt, dat de Klapperstork `n lütt Broder bröcht hett. Dat weer ik! Tja, solk Geschichten hebbt`s de Kinner domaals vörtüünt. Un dormit füng mien Leven op`t Dörp an. Bald dree Johr hett Uroma mi mit`n olen Kinnerwagen de Straat hoch un rünner schoven. De Hund Nelly ümmer dorbi. Denn weer se to old dorvör un hett uns för ümmer verlaten.

Miene eersten Schooljohren

Mit noch fief Johr in`t eerste Schooljohr in uns Dörpsschool. Toeerst noch all de Klassen in een Ruum. De Kinner in de eerste Klass hebbt in Winter ümmer böös sweet. Nee, nich wieldat de Lütten sünnerlich angsthaftig weern. Worüm? Se seten ganz dicht bi denn groten Aven, de winterdags liekers aver Möh harr den 8 x 8-Meter-Ruum enigermaten warm to kriegen. An levsten heff ik bi de Grötteren tohöört. Denn hett de Schoolmeister mit mi schimpt. An de Johren in de lütte Dörpsschool denk ik hüüt noch geern torüch. Jeder hett jeden kennt. Sport op den lütten Schoolhoff, afbaggern bi`n Völkerball, 100-Meter-Loop op`n Footstieg vör de School. Ton „Tag des Baumes“ wannerten wi in`t Holt un hebbt dor Leder sungen. Kinnerfest mit Polonees un Lateernümtoog. In`t Schummern ünner de Kastangelbööm: Guten Abend, gute Nacht, mit Rosen bedacht. Naturkunn vör Ort in Schoolgoorn un op de Koppeln un Wieschen rundrüm. Un mien Leevdag warr ik nich vergeten, as de Groten ut de Böverklassen tosamen mit uns Lütten dat ganze Dörp, Huus för Huus, vermeten, optekent un as Modell in een Sandkassen opbuut hebbt. De Kroog, de Smeed, vör de Stellmakeri stünnen sogor de nie timmerten höltern Wagenrööd – in Lütt. De groten Pappeln, Kastangeln, Linnen, de ole Eek an Dörpdiek, allens dorbi. Wat weern wi stolt as allens fardig weer, un uns Öllern ton Ankieken inlaad wörrn. Klaar geev dat ok maal Arger. Ehrlich seggt, weern wi Jungs ok temliche Slefen, oder as Vadder sä – he weer jo in Hamborg opwussen – grote Brieten. Wenn de ole Wachtmeister in de School keem un wi Buttjers uns ton Verhöör opstellen müssen. Denn harr sik ümmer en Buur beswert, dat de Bengels wedder mit`n Katschi Kohstall- oder Schünenfenster tweischaten harrn. De Putz bölkte mit siene unbannig Stimm: „Wokeen schütt hier noch mit Katapult?“ Dor wüssen wi aver nix vun af. Wi wüssen bloots, dat de lütten bunten Picker oder Marmeln so schöne runde Löcker in`t Glas möken. En Barg Schiss vör de Obrigkeit harrn wi liekers.

As ik Vadder `n VW schenkt heff

Dat gifft Geschenken, dor hett een würklich lang wat vun. So en Geschenk hebbt wi bi uns tohuus stohn. Dat heff ik nich kregen, nee, dat heff ik as Jung mien Vadder maal schenkt. Dor freu ik mi bald jeden Dag över. Tominnst ümmer, wenn ik na buten go. De Geschicht över dütt afsünnerliche Geschenk, de will ik maal vertellen: Dat is so in de letzten föfftiger Johrn vun`t vörige Johrhunnert wesst. Oh Mann, wo höört sik dat denn an, vörige Johrhunnert! Denn markt een, wat de Tied löppt! Föfftiger Johrn, dor güng dat in Düütschland wedder bargop. Wertschopswunner weer dat Töverwoord. Uns Öllern harrn lang iesern spaart, un endlich an een sünnig Sommerdag stünn de Volkswagen vör de Döör. En Käver, dat weer jo wat! De Familie stolt as uns ole Hahn mang sien Höhner. Ik as lütte Buttjer nätürlich ok! Neven Vadder sitten un sutje dörch uns Dörp föhren. Schiev rünnerkurbelt – dat weer villicht `n fein Geföhl! Vergitt man nich! Un denn keem wedder Fröhjohr in Sicht un dormit ok

Vadders Gebordsdag. Dat ole Dilemma: Wat schenk ik Papa? Ik weer al `n poor Wuchen op de Söök, keem aver nich so recht to Pott. Schachel Zigarren, Buddel Wien, wat ton Naschen, harr he allens all maal vun mi kregen,`n Book al tweemaal, nee, ik harr kene Idee. Un denn föhlt man sik nich mehr wohl. De Dag keem ümmer neger, ik harr al all de lütten Ladens in de Stadt besöcht. Dorbi ruutkamen is aver nix. As ik denn maal wedder bi Karstadt in Kiel twischen de bunten Regalen rüm keek, dor füll mi so`n lütten VW-Käver in`t Oog, üm un bi so föffteihn Zentimeter lang, dörchfarft swattblau, ut Glas oder Porzlaan. Achtern ton Opschruven. Is dat `ne Buddel? Jo, dat weer sowat as`n Buddel un dor weer Raseerwater bin. Raseerwater in een VW? Dat weer doch wat, oder? Kunn dat nich en wunnerbor passlich Geschenk för Vadder sien? Al vele Maal harr ik dat jo morgens mitkregen, wenn he sik sien Raseerwater an Kinn un Back tippen dä. Un denn röök dat ok ümmer so fein! As ik dor nu so tögerig stünn un den Käver ankeek, hett de Verköpersch mi Moot maakt: „Glaube mir, mein Jung, darüber freut dein Papa sich ganz gewiß!“ Naja, de blaue Käver hett mien Finanzierungsplaan an Grenzen bröcht. Liekers, an so`n Geschenk kunn ik nich vörbigohn un dat keem bi Vadder ok richtig good an. Also würklich, richtig good! Alleen al de lütte swattblaue Volkswagen. Ton Opschruven! Un ok de Ruch vun dat Water hett em allerbest gefullen. En Geschenk, dat so wunnerbor ankümmt, maakt ok den Schenker glücklich. Vadder hett dat Raseerwater ümmer spoorsam bruukt un de Käverbuddel stünn dor noch, vele Johren al leddig, as ik lang ut Huus weer. Vadder funn se schöön. Un ümmer, wenn ik later to Besöök dor weer, heff ik an de leddige Buddel geern noch maal snuppert. Ritual! As Vadder storven weer kunn ik de „Käverbuddel" nich wegsmieten. Dat lütte, blaue Glasdings steiht nu al siet 40 Johr bi uns. Bi mien Fru un mi. Buten! In Goorn! As Dekoratschoon in een Blomenbeet. Un glööv dat, oder glööv dat nich, wenn ik hüüt den Korken afschruv un dor an snupper, dat Raseerwater-Aroma is na över 60 Johr ümmer noch dütlich to rüken. En Ruch, de mi ümmer wedder an den Gebordsdag denken lött, as ik Vadder `n VW-Käver schenkt heff. Un ik hòör em seggen: „Dat rüükt jo noch veel beter as mien oles Raseerwater!" Un ik freu mi ümmer noch!

Apart

Oma wüss veel un Oma harr Recht. Un Oma hett, as ik noch `n lütte Buttjer weer, ümmer seggt,: "Wat is de Jung bloots apart!" Un denn hett se mi dörch de Hoor streken. Apart? Kunn ik nix mit anfangen. Weer dat `n Kumpelment, `n Loff, eenfach fiecheln, wull se mi tröösten oder wat? „Oma wat bedüüd apart?" „Kene Sorg, dat is wat Godes". Mehr kreeg ik nich rut. Heff denn schon maal twiefelt, of Oma villicht doch gor nich so veel weet. As ik `n poor Johr öller wörr, klaar, in Wöörböker naslagen. Großer Brockhaus, Kürschners Handlexikon. Un weer hen un weg, wat ik för`n fixen Dutt sien müss. Dor stünn ünner apart: elegant, schick, schön, außergewöhnlich un noch `n Barg mehr positives. Dor heff ik dat Nääs-Höger-Dregen vör`n Spegel öövt. Oma weer doch `ne kloke Fru! Un wenn se apart seggt, denn meent se dat ok akraat so, as de Studeerten dat in ehre Böker schrievt. Later as ik halfstark weer, heff ik denn rutfunnen, dat apart op Plattdüütsch nich bloots positiv besett is. Nee, meent hett Oma „Wat is de Jung egenordig, snaaksch, komisch“. Ik? Ik bün doch keen Ulenspegel, keen Kasper, keen Clown! Du, wenn di sowat in de dore Pubertät klaar ward: Ehrlich, dat treckt di rünner, Depri! Un hett würklich lang duert, bit ik dat verknuust un afhaakt harr. Jo, ok dat Leven is apart!

Avergloven

Uns Oma wüss allerlei över Avergloven. Bispill: Wull Vadder sik sien Zigarr an de Kerz op`n Disch ansteken, rööp Oma: „Bloots nich, denn starvt en Seemann!“ Wi Kinner hebbt ehr geern tohöört. Grulig! – Mennigmaal kunnen wi later nich inslapen. Gottloff is vun den ganzen Spökenkiekerkraam bi mi nix hangenbleven. Ik bün nich averglöövsch. Fehlt ok noch! Alleen al, dat `ne swatte Katt Unheel bedüüd. So`n dumm Tüüch! Uns Navers Kater, Vader heet he, swatt as de Düvel, is mien beste Fründ. Besöcht mi geern wenn ik in Goorn togang bün. Naja, kümmt he vun links, klaar, denn dreih ik mi snell üm, domit he vun rechts kümmt. Schaden kann dat jo nich. Un as ik letzt vör de Gaarosch in Hunnenschiet pett heff, wat jo Glück bringen schall, bün ik nich utrutscht. Sott hatt! Aver an sowat glöven? Ik bün doch nich vun güstern! Veles ut de Eck „Avergloven“ kümmt jo al ut` Middelöller un schall dor ok blieven. Wat ik mi nich afgewöhnen kann? Wenn ik in`t Fröhjohr den Kuckuck dat eerste Maal höör, mutt ik de

Knipp in de Büxentasch schüddeln. Denn, sä Oma, gifft dat dat ganze Johr kene Geldsorgen. Jo, dor luur man op! Hölpt jo noch nich maal wat, wenn du bi`t Schüddeln tosätzlich noch dreemaal op Holt kloppst. – Liekers, ik klopp! Dat Schicksal rutföddern will man jo ok nich. Dorüm versöök ik ok, nienich ünner ne opstellte Ledder dörchtogohn. Oma sä: „Bringt Malöör!“ Ik weet, so`n dösige Avergloven is lang vun de Wetenschop as Tüünkraam opdeckt. Liekers, wenn de Schosteenfeger bi uns kümmt, bloots nich vergeten, em mit`n Finger antoticken. Is jo nich uttoslüten, dat Grootmodder doch maal Recht kriggt mit Glück hebben. Weet man jo nich.

Vergetene Wöör

Ik wüss nich, wat en Archaismus is. Bit wi Opa inladt hebbt. Sien 91igste Gebordsdag. Bevör in uns gode Stuuv dat Festeten losgüng, sä he, he föhlt sik „buukpinselt." Un dordörch sünd wi op „Vergetene Wöör" kamen, Wöör vun fröher. Uns kloke Unkel Kalli glieks: „Dat sünd Archaismen." Un denn güng dat los. Wöör, de hüüttodags kuum noch ener seggt: Musiktruhe, magisches Oog, Wählscheibe – amtlich Fingerlochscheibe an`t Telefon. De Wöör Mumpitz, Firlefanz. Un de Kinner frögen: „Ist das deutsch?" Bi olle Kamellen, Lohntüte, Kanonenofen, Liebestöter, güng de Stimmung hoch un Unkel Kalli vertellt, dat he in de föfftiger Johren stolt `n Popo-Scheitel drogen hett. Bi dat Word Muckefuck wull de Veerteihnjährige Enkel weten, of dat engelsch is un woans dat schreven ward. Un hett sik scheef lacht. „Mutt ik mien Fründin vertellen. Dörf ik maal snell anropen?" Snappt sik uns snoorloses Telefon. Rappelt los. Opa schimpt: „Nu legg man den Hörer wedder op de Gavel!" De Jung leggt den Hörer neven dat

Mess op de Gavel vun sien Eetbestick. Gavel – Telefongavel – vergetenes Word – kennt he nich. Un Opa wüss noch, dat he as Jung wat an de Riestüten kregen hett, wenn he sik sünnavends in de ole Zinkwann den Hals nich richtig wuschen harr. Worüm man sik fröher ümmer den Hals waschen schull, dat wüss ok kener mehr. Ton Sluß weern de Gäst övertüügt, dat dat `n vergnögte Gesellschop weer. Dat Festeten weer ok – noch `n Archaismus – mit allem Pipapo – mit allem Drum und Dran.

Klapperstork

„De Klapperstork! He is wedder dor“! Wenn Adboor in`t Fröhjohr op uns Reetdack lannen dä, möken wi Kinner ünnen op de Straat `n groot Spektakel. De Navers löpen vör`t Huus. Langbeen stünn in`t Nest, den Kopp torüch leggt un weer an`t Klappern! „Oma, worüm klappert he so?“ Oma sä: „Dat höört ton Handwark.“ Un brummelte wat vun Bruutsöök un dat sien Klappern egentlich „Balzen“ heet. Un liesen: „Schall mi maal verlangen, wokeen düt Johr wat Lüttes kriggt?“ „Wat is, Oma?“ – „Och, nix.“ Jo, as ik `n lütte Buttjer weer, hebbt de Groten uns vertellt, dat de Stork de Kinner bringt. Bunte Biller, op de he mit wiet utbrete Flünken dörch de Luft segelt, vun den roden Snabel hangt `n witt Dook rünner, un dor liggt en frisch Minschenkind bin. Un ik heff mi fraagt, of sowat överhaupt angohn kann. Wo levert he dat Baby af? Leggt he dat vör de Döör? Langt he dat dörch`t Fenster? Oma wull mi sogor wiesmaken, dat he den Nawuss dörch`n Schosssteen in de Wahnungen smitt. Smieten? „Jo, geiht dat noch, Oma?“

Nee, de Hüüs harrn domals ok gor keen apen Kamin mehr. Un dörch`n swattes Avenrohr vull mit Sott passt `n lütte Minsch jo wull ok nich. Veel to gefährlich! Un schietig ok noch! Fragen över Fragen, mit de wi de Olen op de Bood rückt sünd. Anter? Kannst vergeten! Wörr `n groot Geheemnis ut maakt: „Nix för Kinner. Ji mütt nich allens weten! Aadboor de Glücksbringer find ümmer `n Weg!“ So wöörn wi afspiest. Jo, een wörr öller un wüss ok bald Bescheed, woans dat in Wohrheit so aflöppt. Vun wegen Klapperstork! As ik Jungkeerl later sülm so`n beten na de Deerns utkeek un mit dat grootsnabelige Balzen anfüng, hett Oma mi anstött: „Weetst noch uns Adboor? Op dat Rebeet höört Klappern ton Handwark!“

Middenmang

Letzt keem mi en ole Snack wedder ünner. „Mang uns mang is kener mang, de nich mang uns mang höört? As ik `n Jungkeerl weer, geev dat den Kegelclub un uns Dörpsgill. Wenn wi in Kroog Vörstandssitten vun de Gill harrn, kort bevör dat ümmer würklich afsluut spaaßfrie´e Ritual fierlich un stief losgüng, keek de Vörsitter wichtig in de Runn, de bloots ut Keerls bestünn un rööp dat, wat he ümmer rööp: „Ik stell fast, mang uns mang is kener mang, de nich mang uns mang höört, wi sünd ünner uns!“ Un eenmaal, een korten Momang later, keem Heiner rinschoten. He keem egentlich ümmer to laat. „Wi sünd ünner uns“, dat harr he noch buten vör de Dööör mitkregen. Dat drööp em deep. „Ünner uns,“ ofschons he noch nich dor weer! Harrn se em nich op de Reken? Hett `ne Wiel duert, so hebbt se sik doröver in de Wull kregen. Hochrode Köpp, rümbölken. Bit de Vörsitter de Lidmaaten mit Nadruck to Ernsthaftigkeit opröööp: „Sluß mit Lustig!“ As in de Statuten vörschreven, wull he nu de Vörstandskollegen so begröten, as dat över hunnert Johr Traditschoon is, mit: „Leve Gillfrünnen." Un wat rööp he? Na all de Opregung? Ümmer noch vergretzt leggt he los: „Leve …Kegelbröder!" Dor – ha ha - kunn ik nich anners, dor müss ik luut lospruschen. In düssen korten Momang weer ik - ofschons middenmang - de Eenzige, de dor nich mang höörte. Wenn de Blicken vun de Deelnehmer dootmaken künnen, Oha!

Weer `n snaaksch Geföhl. Dat spöör ik hüüt noch!

Vun Deerten

Högen

En Stickel un en Pogg,
de plierten dörch en Lock
vun`t Waterrosenblatt.

De Pogg in Drögen op dat Blatt,
de Stickel ünner – rundüm natt,
weern se an`t räsoneren.

De Pogg de quakt: „Du Stickel,
ik krieg keen Fleeg an Wickel,
bün sowat in de Brass!"

Dor seggt de Stickel to den Springer:
„un ik, ik heff nich Hänn noch Finger,
ik kaam dormit nich trecht.

De Pogg, de queest: „De Luft, se stinkt!
Dat Jappen mi keen Spooß mehr bringt!
Veel lever harr ik Kiemen!"

Un de Stickel mäkelt later
över dat Schiet-Water,
un de ganze Welt is slecht.

So schimpt de beiden – hen un her,
opmaal – geev dat den Pogg nich mehr,
un Adboor weer an`t Sluken.

De Stickel leevt noch ene Week,
denn wörr he freten vun een Heek,
so geiht dat op de Welt.

Un de Moral vun de Geschicht,
de kann een lehr`n ut düt Gedicht:
Bevör du freten warrst villicht,
...schast di an`t Leven högen,
...in Natten un in Drögen!

Anscheten

In Winter flöög dörch greesig Küll,
en Vagel, de heet Günner,
dorbi verklaamt he, un he füll
op ene Koppel rünner.

Dor keem `ne Koh vörbi un haut
een Fladen op em rop.
De warme Schiet hett em opdaut,
he wackelt mit`n Kopp,
un ritt den Snavel op un singt,
dat schallt dörch Wald un Feld,
un as dat graad so lustig klingt,
weer`t ut op düsse Welt.

En Kater luuert: „Wat ik dor höör,
jüst in de Meddagstiet,
is good för mi – för em Malöör,"
un trekkt em ut de Schiet.
Un fritt em op, un deit dat geern,
vörbi is`t mit Musik,
am Enn blifft nix, nich maal `ne Liek,
wat köönt wi dorut lehr`n?

Nich ümmer mutt, de di beschitt,
dien Fiend sien – kümmt op an,
un den, de ut de Schiet di ritt,
kiek nich as Fründ glieks an.
Marks Müüs, man mutt sik dorto dwingen:
Solang een in de Schiet bin sitt,
den Snavel holen, nich to fröh singen,
dormit man sik nich sülvst anschitt!

Heeksupp

Wenn dat tocht ünner de Döör,
„as Heeksupp treckt“, wo kümmt dat her?
Ik heff dat rutfunnen – weet nu Bescheed,
wenn du`t nich glövst – deit mi dat Leed:

Achter uns Dörp, en Diek, en Beek,
Dor leevt twee Fisch: en grote Heek,
de heet Max Supp. Sien Fründ Paul Prickel
tröck mit em rüm, he weer en Stickel.

Heek passt op Stickel – Lütt un Groot.
„Wer di wat deit, denn biet ik doot!“
Se harrn ehr Roh, harrn dat nie ielig,
sünst weer nix los, weer böös langwielig.

Dor hett Max Supp sien Fründ vertellt
vun buten, vun de grote Welt.
Paul kreeg nu Feernweh rein to dull,
un wüss so recht nich wat he wull.

„Bliev ik tohuus in Beek un Diek,
or swümm ik in de Welt un kiek?“
Sien Lengen tröck em hen un her,
dat wiede Meer so ut de Kehr.

Heek Supp, de lockt em: „kumm, wüllt los,
hier kaamt wi doch bloots in de Doos.
Dat grote Water – veel beleven,
wat kann dat denn noch Bet`res geven?“

He schüürt sik an een rotten Pahl:
„Dor gifft dat Riesen, Hai un Waal!
Un noch veel mehr, wat ik nich kenn,
dat mütt wi sehn, dor mütt wi hen!“

Paul gruvelt un horkt op sien Hart,
of dat Feernweh nu noch leger ward.
Dat is de Fall – un mit eenmaal
röppt he: „Okay, so as de Aal,
so reist wi dörch de solten See,
un deit mi ok de Afscheed weh,
mi jöökt dat ünner jedeen Schupp,
nix treckt so as mien Fründ Heek Supp!“

Dat ole Arfstück

Tick, Tack – Tick, Tack. Egalweg: Tick, Tack – Tick, Tack. Ja, de Tied löppt. Uns ole Wandklock heff ik al in Kinnerwagen höört. Vele Johr hett se mi in Slaap tick-tackt. Wull ik as lütte Buttjer nachts weten, wo laat dat is, heff ik aftövt bit se sik ut de gode Stuuv meld hett: Bim-Bam – Bim-Bam, un heff mittellt. Un Tick, Tack – Tick, Tack – bün ik wedder inslapen. Is bit Hüüt so bleven. Mien öllste Enkel versteiht nich, dat een dorbi slapen kann. He kann dat nich maal af, wenn siene digitale Armbandklock op`n Nachtdisch liggt. Un de tickt gor nich. Doch, schimpt he, he hööft, dat se tickt. Un he mutt hoch un se rutbringen. Un Ik? Wenn uns Wandklock nich mehr to hören is? Na `ne Wiel höör ik dat, dat nix mehr to hören is. Wenn dat smucke blanke Missing-Perpendikel nich mehr swingt, is Optrecken anseggt. Un bi düt fierliche Ritual laat ik mi Tied, so as Vadder fröher: Den lütten Haken hochschuven, Klockendöör op, de iesern Slötel hett sien Platz ünnert Pennel. Toeerst

Klockenwark, denn dat Slagwark optrecken. Suutje, schall jo nix tweigohn. Eenmaal hett uns lütte Enkeldochter bi dat Zeremoniell still tokeken un ik heff se hochböört un se hett den Slötel dreiht. Nich eenfach mit de lütten Hänn. Krrk, krrk, krrk. Un as de Perpendikel wedder in Gang keem, de Klock wedder ticken dä: Tick, Tack – Tick, Tack, un ok glieks slöög: Bim-Bam, Bim-Bam – hebbt ehr Ogen strahlt. Ik heff den Regulator, as Vadder ümmer sä, vun mien Öllern arft. Vadder vun sien Grootöllern. As de Deern sik so freut hett, heff ik dacht: Villicht kümmt dat ole Arfstück ja later ok wedder in gode Hänn. Weer schöön!

Schildkrötenhals

Wat de Kinner so vun sik geevt. Wat se snackt, seht, fraagt, mutt ik mi ümmer op`t Niee över wunnern. Bi uns egen Lütten al, un mit den Nawuss vun uns Nawuss hebbt wi den Spaaß dat twete Maal. So as de grote Enkel uns dat eerste Maal fröög: „Hi, läuft bei euch?“ „Woso? Wat schall hier lopen?“ Intwüschen snackt wi akraat ok so. Eenmaal, ik lees avends an`t Bett wat vör. Uns twete Enkel un sien lütte Süster hööt mi still to. De Jung mustert mi waak un fraagt opmaal unschullig: „Segg maal, woso hesst du egentlich `n Hals as so`ne Schildkrööt?“ Schluck! Schock! Jo, wat schast dorto nu seggen? Nix anmarken laten un de Wohrheit! „Du, dat kümmt vun`t Öller, is aver nich wichtig, kriggst du villicht veel, veel later ok.“ Weer he mit tofreden! Oder wenn se frieweg över de Leev un so snackt, wofür wi fröher – wat `n Blödsinn – noch een in Nacken kregen hebbt. Aver ik will üm Gottswillen nu nich över verleden Tieden räsoneren. Nee, ik bewunner, dat de Lütten hüüttodaags so pragmatisch, so cool un frieweg an vele Themen ran goht. Herrlich! Sogor Dootblieven, starven, is keen Tabu. De Deern bewunnert annerletzt de Bernsteen-Keed, de mien Fru in ehrn Smuckkassen liggen hett. Dreiht se in de Hänn, höllt se gegen de Sünn. Warmet Glinstern. Leggt se sik üm`Hals, kiekt in Spegel.

„Oh ist die schöööön! Kann ich die von dir erben?“

„Ja klaar, versproken mien Sööte, de schast du wull arven… wenn ik maal dood bün“, smustert mien Fru. Un de Deern: „Waaann?“

Steernkieker

Wenn dat avends eerst later richtig düster ward, mutt ik ümmer an den plietschen Buttjer denken, de bi mien Fru un mi maal wat in Gang sett hett. Skateboard ünnern Arm lurte he mit uns op`n Bus un wi kemen in`t Snacken. He harr sien Oma in de Stadt besöcht. Weer mit sien Öllern vör `n poor Weken vun dor weg op`t Dörp trocken. Na, dor müss ik Landei jo fragen, wat he denn nu vun`t Wahnen op`n Lannen so höllt.
„Supercool da! Mega! Klar, null Skatebahn," minnert he af. Rötert `ne Runn op sien Rullbrett un röppt: „Wisst ihr, was im Dorf das Allerbeste ist?" Na, dat schull mi jo nu maal verlangen. So`n lütte Dreekeeshooch un al so veel Füer fungen för dat Landleven? Sien Ogen strahlt, as he dormit ruutkeem, wat em so good gefallt. Ja! Dat dat dor avends so schööön düster is! Un he dorüm de velen Steerns so wunnerbor lüchten, blinken, funkeln un glitzern sehn kann. „Oberhammer! Echt wie im Märchen!" Un dat he sik nu so`n Kieker, `n Teleskop ton Gebordsdag wünschen will. Tja!

Un wi hebbt uns vun sien Swarmen ansteken laten. Mien Schatz un ik, wi goht sietdem männicheen Avend na buten. All uns Lichten ut – tappendüster – un bewunnert Cassiopeia, Groten Wagen, Andromeda, Polaris den Nordsteern un all de annern millionen Smuckstücken rundrüm. Sooo schöön un wi . . sooo lütt! Och so, weetst wat de Jung uns domals bi`t Utstiegen ut`n Bus troschüllig noch mit op`n Weg geven harr? Mehr to sik sülm as to uns sä he liesen: „Ich wusste nicht, dass es so viele Sterne gibt!“ Un dat, dat harrn wi ok binah al vergeten.

De Football-Wett

Märkens geev dat ganz fröher maal. In uns moderne, nüchterne Tied: Vörbi! So ward snackt. Aver dat stimmt nich. Op dat britische Eiland fangt Märkens ümmer an mit „Once upon a time.“ So as bi uns mit „Es war einmal…“ Un „once upon a time“ hett dor en Grootvadder – Opa Peter – ganz fast an sien Enkel Harry glöövt. Un dormit füng en lütt Märken an, dat nich in lang vergohne Tieden speelt. Nee, de Jung Harry wörr 1997 in Wales boren. „He kunn noch nich lopen“, vertellt sien Grootvadder, „dor heff ik al ümmer mit em Ball speelt. Un heff mi amüseert, wenn de Lütt op`n Mors achtern den Ball ran jachtern dä, siene Been in Sitten to Hölp nöhm un al teemlich stramm schööt. Bald weer ik mi afsluut seker, dat de lütte Buttjer maal en groot Footballtalent ward.“ Nu weet man jo, dat de Engländer op ehre Insel geern wetten doot. Överall gifft dat Wettbüros, wo een sien Glück versöken kann. Dor kann een op allens, wat man sik so denken kann, Geld setten un `ne Wett afslüten. Opa also stantepee in so`n

Laden un wett, dat sien lütt Harry Natschonaalspeler ward. 50 Pund hett he sik dat kosten laten. Klaar, de Quoten stünnen bi 1 : 2500. Aver dat weer em schietegal!
Jo, un de Johrn güngen in`t Land. De Tied möök dat, wat se ümmer maakt, se lööp. Un Opa Peter hett nich mehr an siene överdreihte Idee dacht. Harry speelte intwüschen in de Jöögdafdeelung vun den FC Liverpool. Un nu mutt man weten, dat dat op de britische Insel dree Natschonaalmanschoppen gifft, England, Schottland un Wales. Un 2013, bi dat Qualifikationsspeel för de Football-WM in Brasilien, Wales gegen Belgien, wörr de nu intwischen sössteihnjährige Harry vun den Natschonaaltrainer för de letzten paar Minuten inwesselt.
Kiek, un wat passeert? Grootvadder Peter kreeg vun dat Wettbüro hunnertfiefuntwintigdusend Pund utbetahlt. Üm un bi hunnertföfftigdusend Euro. He hett he sien Job as Elektriker an Nagel bammelt un is in Rente gohn. Un Harry, de jüngste Speler, de bither för sien Land oplopen is, kreeg sien Andeel vun de Wett un kunn nu ümmer maal gau mit`n Toog vun Liverpool na Huus föhren.
Un dor keem mi in Sinn, villicht na lange, lange Tied, wenn Harry, de as Profi later noch

veel Geld verdeent hett, sülm maal Grootvadder is, dat he sien Enkel denn en Märken vertellt: „Once upon a time . . is maal en lütte Buttjer wesst, de noch nich recht lopen, aver al allerbest mit`n Football rümspelen kunn. Un sien Opa … de hett … ja, usw.. Un dor ... un dor ... dor schall noch ener seggen, dat gifft keen Märkens mehr!

Flinke Tung

Männichmal fallt een wat in, hesst siet ewige Tieden nich mehr an dacht. Heff ik beleevt, as ik mi `n Smartphone toleggt harr. Mit dat Dings vör de Nääs stünn ik as`n Oss vör`n Barg. Tja, `n poor Daag rümeiert un denn uns groten Enkel fraagt. „Jo, geiht los!“ Ofschoons – mi is al lang opfullen, dat vele Jungspunde hüüttodaags nich bloots fix un klook sünd, nee, se hebbt ehr egen Spraak, nuscheln is Mood un wat dat Allerleegste is, se snackt so bannig snell. Un he rappelt ok glieks los: „Paß op! Hier tippen, dor wischen, de Apps dor in Store, downloaden. So! WLAN klaar. Bluetooth, okay. Hier Kamera, dor navigieren. Chatten kiek hier, versteihst? WhatsApp eenfach Kacheln drücken. E-Mail ok. Intuitiv wiedermaken.“ Un sien Fingers suust över`t Display. Denn stött he mi an: „Cool, oder? Allens verstohn?“ „Ähh, nee, jo, doch schon, aver…“ Un he: „Wedderhaal maal“. Ik keek em hölplos an. Dacht heff ik: Jo, klei mi doch du Snellsnacker! Kene halve Minuut kann ik mi all sowat marken!

Un op enmaal harr ik so`n Deja-vu-Geföhl: Ik noch`n lütte Pööks. Wi harrn een in`t Dörp, de kunn ok bannig snell snacken. Ökelnaam Flinke Tung. Hett in de Smeed de Peer beslagen. Un wörr vun so`n Ackergaul af un an ok maal pett. Aver he hett nie torüch slagen oder pett. Weer Publikum dor, möök he klaar worüm nich. Denn rappelte he los: „Wenn dat Peerd mi pett, piert dat Petten dat Peerd nich, dat Petten piert mi alleen. Wenn ik dat Peert torüch pett, piert dat dat Peerd, piert mi aver ok. Kapiert? Kiek – nu hesst wat lihrt!" Un denn hett he sik een grient un sä to een vun de Tokiekers: „Wedderhaal maal!" Un de keek denn jüst so verdaddert ut de Wäsch as ik, as mien Enkel mi so fix dat Smartphone verklookfidelt hett. Gediegen, wat een mennigmal so dörch`n Kopp schütt, oder?

Wenn dat Water kümmt

Hohe Brekers, witte Schuum,
dat Water hen un her.
De Hand vör Ogen süht man kuum,
Nevel, Damp – ward ümmer mehr!

Dat swabbelt röver,
flütt vöran,
nu löppt dat över.
Mann oh Mann!

Un poormaal suust vun baben daal
en Slag – in`t Water knallt!
Noch`n Slag – un noch eenmaal,
vörbi is`t nich sobald!

Geschree un krieschen luut un grell
geiht dörch Mark un Been.
Na baben na baben, snell, ganz snell.
Ik suus, Ik bölk, ik ween.

Water löppt vun baben daal,
Nevel treckt mi üm de Fööt.
Op halve Streck kümmt mi `n Waal
un en lütt Damper in de Mööt.

Dammi noch maal, wat is passeert?
Damp un Larm un allens natt!
Hier löppt doch jichens wat verkehrt?
Dat Wohrschuun weer wull för de Katt.

Mien Hart kloppt dull,
nu glipp ik ut.
De Schoh al full.
Fall op de Snuut.

Rappel mi hoch, patsch vöran.
dat Geschree kümmt neger.
Panik packt mien Hart al an,
dat Grugeln leeg un leger!

Nu bün ik baben. Wat`n Malöör!
Wat mutt ik sehn – ji Brieten!
As ümmer fehlt mi bald de Wöör,
mutt mi tosamenrieten.

Dor speelt un pruscht un sünd ant Sprütten,
as dat en Kind bloots kann,
keen Stormfloot, neeee, uns beiden Lütten
doovt baben in de Baadewann.

Ton Sluß

En Määrkendroom

„Dor is maal wesst,“ fangt Määrkens an,
vun Bechstein un vun Grimm,
bi Hauff een veles lesen kann,
vun Sim un Salabim.

De Kaiser hett bi Andersen,
över sien Moors keen Büx,
un ik, ik bün en grote Fan,
vun so`n Vertelln „de luxe.“

De Määrkens heff ik mi rintrocken,
ik heff wat söcht för en Gedicht.
Mang Prinzen, Düvel, Deerns un Poggen,
sik trecht to finnen, weer nich licht.

Süh, un dor harr ik an to knusen,
in Droom lööp mi dat dörch `n Kopp,
weer böös an´t Dörchenannersusen,
un dat güng so, nu paß maal op:

Rapunzel danzt op gülden Schoh,
mit Broder Lustig dörch een Kroog,

drinkt Beer mit Fischer un sien Fro,
kriggt dorvun gor nich noog.

Goldesel lött Steerndalers springen,
en Tinnsoldat slöppt ünnern Disch.
Haas un Igel sünd an`t Singen,
ene Waternix bestellt sik Fisch.

„Tischlein deck dich!“ gröhlt dat Pack,
un de Prinzessin op de Arft,
swingt mit den Knüppel ut`n Sack
ehr slanke Been – un de sünd barft!

Dorn-Rößchen süht ut as en Peerd,
de Drakens as `n Mück,
de Pannekokens frisch vun Heerd
fritt alle Hans in Glück.

„Ik bün,“ bölkt schrill de lütte Muck,
„en Stadtmuskant ut Bremen,
Kröger, schenk in, noch maal `n Sluck,
hüüt wüllt wi fix een nehmen!“

„Sodom-Gomorrha fallt mi in,“
kriescht Rumpelstilz un kümmt in Fohrt,
Fru Holle leggt een Can-Can hin,
verleevt pliert König Drosselboort.

Ton Sluß wörr noch de ole Hex
vun Hans un Gretel freten,
Sneewittchen prahlt mit ehrn Sex:
„de Dwargen – kanns vergeten!“
Rotkäppchen harr bloots noch de Mütz,
op ehr blondes Hoor,
de Swiensdriver vertellt `n Witz,
un de beiden ward en Poor.

So nöhm dat Unheel sienen Loop,
wörr leeg un leger, Mannoman,
toletzt harrn se denn alltohoop
.....Kaisers niee Kleder an.

De Määrkenlüüd, mien leve Fründ,
de kemen bannig ut de Tüüt,
un wenn se noch nich storven sünd,
ja denn – fiert se noch hüüt.

De opsternaatsch Wiehnachtsmann

Wunschzeddels – schimpt de
Wiehnachtsmann,
krieg ik dat ganze Johr,
kaamt wi an Hilligavend ran,
ward mi dat hier to swoor!

Denn geiht an`t Puckeln un Marachen,
de Countdown löppt, ik weet, ik weet!
In Draff, in Draff, gifft nix to lachen,
de Hilligschien is natt vun Sweet.

Arbeit drückt Bulen, dor heff ik meent,
– se kennt em hier, mien Snack:
Hebbt de Minschen em denn ok verdeent,
denn vullen Gavensack?

De Hölpers laad mien Sleden vull,
dor blifft keen Eck mehr frie,
de Stress ward mi nu rein to dull,
beklagen warr ik mi!

De mit de Flünken ok an`t Meckern,
to veel to doon – sünd se an`t Wenen.

Mütt bloots noch klotzen un nich kleckern,
nix is mit Halleluja schreen.

Nu hett uns Baas maal horkt – so`n Schiet,
wat op de Eer se seggt,
se snackt vun länger Arbeitstiet,
dat funn he gor nich slecht.

He sett uns nu so kort för`t Fest
ganz bannig ünner Füer,
Överstünnen geevt uns den Rest,
nütz nix – HE steiht an`t Stüer!

Mien leve Gott, dat ik nich lach,
so as dor ünnen op de Eer,
en knapp Achtstünnen-Arbeidsdag,
kennt wi al lang nich mehr!

Mit Mitbestimmung löppt nich veel,
Betriebsraat? – Unbekannt!
Petrus un ik – un jede Seel
heeft nu dorför de Hand.

Tweedusend Johr rund üm de Klocken
hoolt ji uns Wiehnachten to Narrn,
ganz seker an de groten Glocken
keem dat, wenn wi `n Gewarkschop harrn!

Frohet Fest

Lametta, Kugeln, Engelshoor,
Harmonie, Familienfest,
Tante Erna ok al dor,
so is dat al ümmer west.

Idylle-Terror, Wiehnachtsgoos,
Rudolf mit de rode Nääs,
an`t Klavier leggt Modder los,
mit ehr wiehnachtlich Gewees.

De Dannboomlichten sünd Dioden,
veel Marzipan un Legosteen.
„Vun den Wien, den roden goden,
giffst du Erna aver keen!"

Spekulatius, Ei-Likör,
lever U-Musik as E-,
un dor hebbt wi dat Malöör,
de Lütten deit de Buuk al weh.

Parföng maakt Tante Erna Spaaß,
Vadder Slips un Socken,
Modder kriggt `n Blomenvaas,
de Hund hett sik vertrocken.

Bald hett Opa toveel drunken,
smitt sien Wienglas an de Wand,
un de Wunnerkersen-Funken,
sett den drögen Boom in Brand.

Erna löscht mit Blomenwater,
fröhlich singt de Göörn,
in sien Korf de ole Kater,
lött sik gor nich stören.

Vun de Kark bimmelt de Glocken,
Hillignacht geiht op`n Rest,
Vadder freut sik an sien Socken,
Halleluja – frohet Fest!

Afhaun

Gifft welk, de hebbt dor nix för över,
dat hillig Fest is se egal:
„De Schenkerie un al de Töver,
geiht mi nix an, ji köönt mi maal!

Laat mi mit Slips un dree Paar Socken
doch bloots an Land, mien Kurs heet Süd.
Ik laat mi nich ton Fiern locken,
ik fleeg mit Anti-Wiehnachtslüüd
op de Kanaren, dor heff ik Roh.
Na dree, veer Stünnen kaam ik an.

An Airport steiht un röppt ‚Ho ho!'
Ja, klei mi doch … de Wiehnachtsmann!"

Witte Wiehnachten

Witte Wiehnachten – dorto heff ik `ne Geschicht höört. Hebbt se villicht mitkregen: In England hett en Jungkeerl ene junge Studentin heiraad. Siene grote Leev ut de Teenagertied. Rechttiedig vör Hilligavend hebbt se sik dat Yes-Word geven. Un hebbt sik op`n Duppelnaam eenigt. Worüm? Wieldat düsse Duppelnaam en wunnerbore Kombinatschoon afgifft. In ene Zeitung in England stünn, an den hett he sik noch nich so ganz wennt. Ik bün aver seker, den Namen vun de beiden frisch truten jungen Lüüd find de Minschen good. Nee, mehr noch, ik glööv sogor, dat dormit bi vele op de Stell wunnerschönes Torüchdenken in Gang sett ward. Denken an Hilligavend, an fröher, an Kinnertied, Winter mit noch richtig Frost un Ies op` n Diek. An dat gemeensame Singen. De olen schönen Leder! Un in Kopp loopt Biller vun Sledenföhrn, smückte Boom, Wiehnachtsmann, Glockenlüden, Bescherung. Vun Füer in Aven. Kersenschien! Un buten sneet dat liesen un sacht. Un höört gor nich mehr op. De Dannen in Goorn witt op gröön. Let it snow! Laat dat sneen! Jo, jedenfalls güng mi dat so, as ik den Duppelnaam vun dat junge Ehepaar leest heff. He, Keiran … White. hett se, Tilly… Christmas heiraad. Tosamen sünd de beiden nu Mr. un Mrs. White Christmas. Is dat nich `ne romantische Wiehnachtgeschicht, de Nostalgie un modernes Leven wunnerbor mitenanner verbinnt?

Un de is sogor wohr! Würklich!

Wiehnachten 1948

Mien leve Modder!

Nu schall dat wedder maal Wiehnachten warrn un wi wüllt dat schönste Fest vun`t Johr fiern. Jo, wenn man so torüch denkt, denn is doch al de Vörwiehnachtstied so ganz anners as in de fröheren Johren. Weern wi finanziell ok nich graad op Rosen bett, so harr man doch ümmer över`t Johr een Grundstock anspaart, de alleen för de Wiehnachtsgaven vörsehn weer. Un hüüt? Jo, man verdeent graad soveel, dat dat ton Leven reckt, nich maal lütte „Sprüng" kann een sik verlöven. Un wenn wi uns de Utlagen in de Ladens anseht, de Priesen, nich to betahlen! Denn weet man eerst, wo arm man worrn is. Mootlos? Nee! Dat ward al sutje wedder beter warrn, un uns Kinner hölpt uns dat to glöven. Kiek di bloots maal de blanken, lüchten Ogen vun Ralf un Rainer an, wenn wi vun Wiehnachten snackt. Wat goht denn de lütten Müler wild dörchenanner, de Daag un Nachten bit ton Fest ward tellt, üm denn de eenfachen Gaven vun`n Wiehnachtsmann to kriegen. Jo, eenfach un lütt sünd de Gaven jo bloots, de wi uns för uns Lütten afspoorn köönt, aver wünscht uns Kinner sik denn mehr? Nee, in ene Nottied opwussen kennt se jo noch gor nich de wohre Pracht vun`t Leven, se freut sik över ehr Bontjes un villicht över `n lütt Stück Schokolaad, freut sik över noch so lütte Saken un sünd restlos tofreden. Schüllt wi dat denn nich ok sien? Ik glööv, wi schüllt dat, denn gesunne, lebendige un sik freuende Kinner sünd doch de Grundlaag, dat wi in uns binnen tofreden sünd. Un so wüllt wi denn ok dat Wiehnachtsfest trotz all de Lasten tofreden un gesund begohn. Un wi, Ralf, Rainer, Christel un Heinz wünscht Di, dat Du in Freud un tofreden dat Fest beleven dörvst.

Jo, nu schull ik egentlich eerstmaal mit mien Breef to Enn kamen, denn neven mi in Slaapantog sitt mien lütt Ralf un plappert un plappert. „Pappi, schriffst du an Oma Hamborg? Pappi, wo ist Oma nu? Pappi, kümmt Oma to Wiehnachten? Och, warüm nich?“ So geiht dat in ene Tour! Jo, wi sülm beduurt ok ganz dull, dat Du Wiehnachten nich mit uns tosamen sien kannst, weer dat doch in de dree Johrn na`n Krieg al sowat as Traditschoon, un ok sünst, ohn Di is dat allens nich dat Richtige! So mutt uns lütt Familie nu den

Hilligavend leider alleen fiern. Wi ward uns an de strahlen Gesichten vun uns Kinner freuen, recht veel vun Oma Hamburg snacken un as Afsluß vun den Avend en Glas dorop drinken, dat Du good toweeg büst.
Wat uns Kinner vun Wiehnachtsmann kriegt? As al seggt, lütte Gaven. Rainer en Billerbook, een singenden Krüsel un `ne Trumpeet. Ralf ok `ne Trumpeet un `ne Holtiesenbohn. Un wi? Wi freut uns even mit de Kinner! Un nich to vergeten, hebbt uns beiden Jungs jo graad eerst jeder en Ski-Antog kregen. Dat rekent jo ok mit as Wiehnachtsgeschenk. Dat allens hebbt wi bloots dörch Di henkregen. Un dorför dankt wi ganz hartlich. Wenn Du nu düsse Post kriggst, steiht dat Wiehnachtsfest direktemang vör de Döör un de Breef schall Di de rechte Stimmung in`t Huus bringen. Richtige Wiehnachtsfreud deit nu maal nödig, dormit dat Fest glückt. Uns Gedanken ward in düsse Tied bi Di sien un uns Freud sik mit diene verbinnen.
Frohe Wiehnachten, Modder!
Dat wünscht Ralf, Rainer, Christel, Heinz